크리스천 복음 유머

유머는 우리에게 새로운 에너지를 충전해 주는 양식!

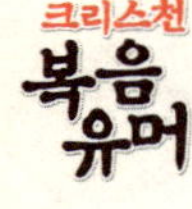

초판인쇄 • 2012년 1월 3일

초판발행 • 2012년 1월 5일

엮은이 • 유머 동우회

발행인 • 김택원

발행처 • 도서출판 문장

등록번호 • 제307-2007-47호

등록일 • 1977년 10월 24일

주소 • 서울시 성북구 보문동 4가 78-1 평화빌딩 201호

전화 • 02-929-9495

팩스 • 02-929-9496

E-Mail • munjangb@naver.com

ISBN 978-89-7507-053-2 03230

크리스천
복음
유머

머리말

유머는 우리에게 새로운 에너지를 충전해 주는 양식이다.

종교와 문화가 다르면 거기서 빚어내는 웃음도 각기 다르듯이 성도들에게는 또 다른 유머의 세계가 있다.

예수 그리스도를 설교자와 심판자로만 간주하는 것은 어찌 보면 잘못 된 것인지도 모른다. 예수님도 분명 인간의 풍요로운 삶을 위해서는 유머를 활용하여 행복한 웃음과 건강을 유지하기를 바라실 것이다.

프랑스의 베스트셀러 작가 베르나르 베르베르는 최근 그의 저서 〈웃음〉을 출간한 후 이런 말을 했다.

"내가 보기에 웃음은 불안감과 연결되어 있는 메커니즘이다. 인간은 불안과 고뇌라는 것을 발명했고, 그것을 보상하기 위해 웃음을 발명했다. 불안은 몸에 해롭고 웃음은 몸에 이롭다. 불안이 독이라면 웃음은 그 해독제다. 인간은 앞으로 닥칠 일을 생각하면서 불안을 느낀다. 웃음은 그 불안을 보상하기 위해 생겨났다."

　‘인간은 왜 웃는가’ 라는 근원적 질문에 대한 명답이 아닐 수 없다.

　이 책에서는 웃음으로 다양하게 수놓아진 성도들 사이에 퍼져 있는 유머는 물론 건전하고 건강한 웃음을 불러오는 유머를 모아 보았다.

　곳곳에 널려있는 유머들을 셀 수 없이 많지만, 그 중에서도 재미뿐만 아니라 두고두고 마음을 닦아 슬기와 예지를 길러내는 데 밑거름이 될 만한 것들을 가려서 엮었다. 이야기를 통해 웃음의 맛을 느끼고, 나아가서 그 웃음의 빛을 양분으로 삼아 밝고 건전한 삶이 이루어지기를 기대한다.

　하루하루 시간의 흐름 속에서 숨 가쁘게 돌아가는 세상의 톱니바퀴에서 행여 튕겨나갈까 맘 졸이며 괴롭게 산다는 것은 불행한 것이다. 조금은 모자라도 아무 욕심 없이 살 수 있는 것이 바로 행복인 것이다. 마음속에서 음악이 흐르고 아름다운 유머가 흘러나온다면 비록 넉넉하지 않아도 행복을 느낄 수 있을 것이다.

차 례

주님의 기도

하늘에 계신 우리 아버지,
아버지의 이름이 거룩히 빛나시며
아버지의 나라가 오시며
아버지의 뜻이 하늘에서와 같이
땅에서도 이루어지소서!
오늘 저희에게 일용할 양식을 주시고
저희에게 잘못한 이를 저희가 용서하오니
저희 죄를 용서하시고
저희를 유혹에 빠지지 않게 하시고
악에서 구하소서
아멘.

십계명

① 야훼 이외의 다른 신을 섬기지 말라.

② 우상을 섬기지 말라.

③ 하느님의 이름을 망녕되이 부르지 말라.

④ 안식일을 거룩히 지키라.

⑤ 너희 부모를 공경하라.

⑥ 살인하지 말라.

⑦ 간음하지 말라.

⑧ 도둑질하지 말라.

⑨ 이웃에게 불리한 거짓증언을 하지 말라.

⑩ 네 이웃의 재물을 탐내지 말라.

기도의 힘

영리한 의사와 거만한 성직자가 만났다.

성직자가 먼저 입을 열었다.

"내가 한 환자 옆에 서 있었는데 갑자기 환자의 얼굴이 시퍼렇게 질리더니 괴로워하였소. 그래서 내가 그를 위해 기도하고 물러섰더니 갑자기 얼굴빛이 밝아지며 평안한 얼굴로 바뀌는 것이었소. 어떻소. 인간보다 신의 힘이 강하다고 생각하지 않소."

의사가 빙긋 웃으며 대답했다.

"글쎄요. 종종 사람들이 환자 옆에서 산소호흡기의 호스를 밟고 있을 때가 있습니다."

여호와를 기뻐하라, 저가 네 마음의 소원을 이루어 주시리로다. 너의 길을 여호와께 맡기라, 저를 의지하면 저가 이루시고 네 의를 빛같이 나타내시며 네 공의를 정오의 빛같이 하시리로다. 〈시편 37:4~6〉

당신이 물어보면 되겠네요.

믿음이 독실한 신앙인이 비행기를 타고 여행을 하고 있었다.

성경을 펴 보고 있는데 옆에 앉은 사람이 비웃는 투로 말을 걸어왔다.

"여보시오. 그 책이 하는 이야기를 다 믿소?"

"그럼요. 성경은 하나님의 말씀이에요!"

"그럼, 고래 뱃속에 들어갔다 나온 사람이야기도 믿소?"

"그럼요!"

"당신은 고래 뱃속에서 사람이 살 수 있다고 생각하시오."

"글쎄요, 나중에 천국에 가면 그 사람을 만나 물어보지요."

"그 친구가 천국에 없고 지옥에 있으면 어쩔 거요?"

이 정도 되자 더 이상 토론을 하는 것은 무익하다 싶어 잠시 그를 쳐다보다가 이렇게 대답을 했다.

"그러면 당신이 물어보면 되겠네요!"

너 먼저 예수님 해

　교회 유치부에서 공부하고 돌아온 쌍둥이 형제 갑돌이와 삼돌이에게 간식으로 주려고 엄마가 토스트를 굽고 있었다.

　둘은 서로 먼저 먹겠다고 다투고 있었다.

　엄마는 이럴 때 서로에게 양보하는 마음을 가지라고 타이르면서 말했다.

　"만약 예수님이라면 어떻게 하실까? '분명히, 네가 먼저 먹어, 내가 양보할게' 하고 말씀하시겠지. 둘 중에 누가 먼저 양보 할래?"

　둘이는 서로의 얼굴을 쳐다보다가 갑돌이가 삼돌이에게 말했다.

　"삼돌아, 내가 먼저 양보할게. 너 먼저 예수님 해라, 응!"

남자의 기도

어떤 남자가 베란다에 나갔다가 우연히 건너편 집 유리창 너머로 젊은 여자가 옷을 벗는 것을 목격하게 되었다.

남자는 정신을 차리고 얼른 이렇게 기도했다.

"하나님, 제 눈을 감게 해주세요!"

그러나 다시 눈을 떴을 때, 여자는 옷을 완전히 벗고 있었다.

남자는 다시 기도하기 시작했다.

"오, 하나님! 제발 잠시만 눈 좀 감고 계시면 안 되나요?"

혼자 있을 때는 자기 마음의 흐름을 살피고,
여럿이 있을 때는 자기 입의 말을 살펴라.

에덴동산이 한국에 있었다면

수업시간에 선생님이 말했다.

"만약에 에덴동산이 한국 땅에 있었다면 인류는 타락하지 않았을지도 모른다. 왜냐하면 일단 뱀이 하와를 유혹하기 전에 이브가 뱀을 잡아 뱀탕을 끓였을 것이다. 또 이브가 뱀의 유혹에 넘어갔다 하더라도 아담은 타락하지 않았을 것이다. 왜냐하면 한국 남자가 여자 말 듣는 거 봤냐?"

분노와 미움을 가지고는 싸움에서 이긴다 해도 승리자가 아니다. 그것은 죽은 사람을 상대로 싸움과 살인을 한 것과 같다. 진정한 승리자는 자기 자신의 분노와 미움을 이겨낸 사람이다.

난 다 알아!

아들이 교회 유치부에 간 사이 부부가 사랑을 나누었다.

그런데 남편은 옷을 벗은 채 깜박 잠이 들었다.

아들이 집에 돌아와 아빠 이불 속으로 파고들었다. 그런데 아빠는 팬티를 벗고 있는 것이 아닌가!

아들이 씩! 웃으며 이미 다 알고 있다는 듯이 말했다.

"난 다 알고 있어. 엄마가 팬티 벗긴 거지?"

아빠는 아들이 다 알고 있는 것 같아 얼굴이 붉어졌다.

"아빠, 괜찮아, 나도 그런 적 있어!"

아빠는 무슨 소린지는 몰라도 얼굴이 더 빨개졌다.

아들이 아빠 귀에 대고 속삭였다.

"아빠, 오줌 싼 거지? 나도 오줌 쌌을 때 엄마가 내 팬티 벗겼거든…!!!"

좋은 아내와 나쁜 아내

좋은 아내는 집안에서나 집 밖에서 남편에게 똑같이 대해 준다.

나쁜 아내는 집안에서는 악악거리지만 밖에만 나가면 천사가 된다.

좋은 아내는 남편이 아픈 것 같으면 더 잘해준다.

나쁜 아내는 아프려면 혼자서 조용히 아프라고 옆에 오지도 않는다.

좋은 아내는 남편이 방귀를 뀌어도 요란을 떨지 않는다.

나쁜 아내는 차 안에서 방귀를 크게 뀌고도 남편이 창문을 열려고 하면 춥다고 못 열게 한다.

좋은 아내는 천사가 되려고 노력한다.

나쁜 아내는 자기가 천사라고 생각한다.

있을 때 잘 해야지!

사업이 망해 실의에 빠져 집에 들어앉아 한숨만 쉬고 있는 남편이 있었다.

아내가 위로하며 물었다.

"얼마나 있으면 다시 시작해 볼 수 있어요?"

"당신이 무슨 돈이 있겠어?"

"그래도 한 번 말해 보세요?"

그러자 남편이 혹시나 하고 말했다.

"천만 원만 있으면 사업을 다시 해 보겠는데…!"

아내는 화장대 맨 아래 서랍에서 상자를 꺼내오더니 남편에게 내밀었다,

남편이 상자를 열어보니 5만 원짜리가 차곡차곡 쌓여 있는데 2천만 원 가까이 되었다.

깜짝 놀란 남편이 웬 돈이 이렇게 많으냐고 물었다.

"당신이 밤에 나를 즐겁게 해 줄 때마다 5만 원씩 모아 두었던 거예요."

당연히 남편이 기뻐할 줄 알았는데 한숨을 길게 내쉬며 속으로 말하는 것이었다.

'아…! 내가 바람을 피우지 않았다면 10억도 더 됐을 텐데…!'

은혜에 보답하는 방법

성령이 깊은 어느 목사님이 친구를 전도했다. 오랜 기도 끝에 하나님의 응답을 받고 친구를 교회로 불렀다.

친구가 교회에 나오기는 했는데 담배를 뻑뻑 피면서 들어왔다. 그래도 와 준 게 고마워서 앞자리에 앉히고 목사님은 뒤에서 간절히 기도를 했다. 제발 은혜 받게 해 달라고….

설교는 시작됐고 친구는 은혜를 받기 시작했다. 담뱃갑을 꺼내 바지 뒷주머니에 넣고 훌쩍거리면서 은혜를 톡톡히 체험하였다고 고백하였다.

예배는 끝나고 사람들은 다 돌아갔는데 그 친구는 일어날 생각을 안 하는 것이다.

목사님이 옆에 가서 다음 예배가 있으니 이제 돌아가라고 하였다.

"내가 은혜를 받았는데 어떻게 그냥 갈 수 있나."

"그럼 어떻게 하려구?"

"당연히 은혜를 갚아야지!"

"어떻게 갚을 건데?"

"이 교회 높으신 분이 총 몇 분이나 되는가?"

"장로님, 전도사님까지 한 100여 분 되는데."

“다 모이시라구 해.”
“아니, 다 모이게 해서 뭐 할려구?”
“은혜를 갚아야 할 거 아닌가?”
“어떻게 갚을 건데?”
“내가 오늘 한잔 쏠게!!”

내가 확신하노니 사망이나 생명이나 천사들이나 권세자들이나 현재 일이나 장래 일이나 능력이나 높음이나 깊음이나 다른 아무 피조물이라도 우리를 우리 주 그리스도 예수 안에 있는 하나님의 사랑에서 끊을 수 없으리라. 〈로마서 8:35-39〉

나 구두 필요 없어!

어느 교회에 열성적인 형제가 있었다.

이 형제는 모든 예배에 빠짐없이 참석했으며 항상 맨 앞 자리에 앉아서 예배를 드렸다.

이 형제는 예배를 조용히 드리는 것이 아니라 목사님이 기도할 때 감동이 되는 장면에서는 큰 소리로 '할렐루야!' 를 외쳤다.

목사님은 아주 소심하고 얌전한 사람이었는데 설교 도중에 이 형제가 큰 소리로 소리를 지르면 그만 설교할 내용을 다 잊어먹게 되어 난처할 때가 많았다.

목사님은 이 형제에게 제발 기도할 때는 속으로만 '할렐루야' 를 외치라고 부탁을 하였고 형제도 그러겠다고 하였다.

그러나 막상 기도를 시작하면 이 형제는 그 약속을 까맣게 잊어버리고 큰 소리로 '할렐루야!' 를 외쳤고, 때로는 자리에서 벌떡 일어나서 손을 높이 들고 외치기도 했다.

목사님은 이 형제 때문에 노이로제에 걸릴 지경이 되었다. 그래서 이 형제를 멀찌감치 앉히면 나을까 싶어 맨 뒤 좌석에 앉아서 예배를 드리도록 했다.

　그러나 맨 뒤 자리에서도 '할렐루야!' 소리가 크게 들려와 기도 내용을 모두 잊어먹게 되는 것이다.

　고민하다 못해 목사님은 이 형제에게 조용히 예배를 드려주면 구두를 한 켤레 사 주겠다고 약속을 했다. 이 형제는 몹시 가난하여 구두가 너무 낡았지만 구두를 살 돈도 없었다. 형제는 심각하게 이야기를 듣더니 정말 알겠다고 고개를 끄덕거렸다.

　목사님은 이제는 정말 안심하고 예배를 드릴 수 있을 것이라 생각하고 설교를 시작하였다. 아! 그러나 이게 웬일인가?

　형제는 더 큰 목소리로 외치는 것이 아닌가!

"할렐루야! 할렐루야! 나, 구두 필요 없어! 할렐루야!"

거지와 대머리

감사(Thank)는 생각(Think)으로부터 온 말이다.

어떤 어려움에 부딪히더라도 깊이 생각하면 감사할 수밖에 없다. 대머리도 감사할 일이 여섯 가지나 된다.

① 여성에게는 거의 없는 현상이다.

그러므로 모든 여성은 감사할 일이다.

② 하나님의 사랑받는 자가 대머리 된다.

날마다 우리의 앞이마를 쓰다듬어 주시기 때문이다.

③ 얻어먹는 사람이 없다.

거지가 대머리인 경우는 아직 한 사람도 못 보았다.

④ 엘리사도 대머리였다.

비교적 목회자들 중 대머리인 사람이 많다. 엘리사 후손이라 그렇다.

⑤ 물자를 절약할 수 있다.

비누, 샴푸, 물을 상당히 절약할 수 있다.

⑥ 하나님을 편하게 해드린다.

주님은 날마다 우리의 머리카락까지 세신다(마10:30절). 따라서 대머리는 머리카락이 적어 셀 것이 거의 없으니 주님을 편안하게 해드리는 것이다.

지구의 종말

내일 지구에 종말이 온다고 했을 때의 반응.

하루살이: "상관없다."

방송국 사장: "그래? 당장 특집 생방송 준비하라고 해!"

백화점 사장: "지구 종말 특별 99% 바겐세일 준비해!"

노숙자: "그래도 밥은 나오지?"

만삭인 산모: "우리 애는 어쩌라고!"

기상 캐스터: "다행히 비는 내리지 않을 것입니다."

화성인: "화성으로 돌아가자!"

신창원: "내 그럴 줄 알고 잡혀줬다."

노스트라다무스: "거 봐라, 내 말 맞지?"

금연을 시작한 맹구: "괜히 끊었네!"

학교에서 싸움이 났을 때

수학 선생님: "분수를 알아라 분수를…!"

국어 선생님: "학생 신분의 주제를 알아라!"

생물 선생님: "벌레만도 못한 놈들!"

영어 선생님: "오! 노오, 스톱!"

물리 선생님: "힘으로 싸우는 게 전부가 아냐!"

음악 선생님: "말리지는 못할망정 서로 장단 맞추냐!"

미술 선생님: "가관이다. 가관이야…!"

종교 선생님: "하나님이 보고 계신다."

양호 선생님: "또 다쳤니? 에휴…!"

국사 선생님: "조상님들 보기 부끄럽지도 않냐!"

사회 선생님: "장차 나라꼴이 어찌 되려는 건지…."

한문 선생님: "죽마고우(竹馬故友) 1,000번씩 써와!"

담임 선생님: "부모님 모셔와!"

- 모든 괴로움은 어디에서 오는가?
  자기만 생각하는 이기심에서 온다.

- 모든 행복은 어디에서 오는가?
  남을 먼저 생각하는 이타심에서 온다.

정치인 뱃속

외과의사 네 명이 카페에서 술을 마시며 수술하기 쉬운 사람에 대해 이야기를 하고 있었다.

첫 번째 의사,

"나는 도서관 직원들이 가장 쉬운 것 같아. 그 사람들 뱃속의 장기는 가나다순으로 정렬되어 있거든…."

그러자 두 번째 의사가 말했다.

"난 회계사가 제일 쉬운 것 같아. 그 사람들 내장은 전부 일련번호가 매겨져 있거든…."

세 번째 의사도 한마디 했다.

"난 전기 기술자가 제일 쉽더라. 그 사람들 혈관은 색깔별로 구분되어 있잖아…."

이야기를 가만히 듣고 있던 네 번째 의사가 이렇게 말했다.

"난 정치인들이 제일 쉽더라고…. 그 사람들은 간도 없고, 쓸개도 없거든. 속을 뒤집어 헤쳐 놓으면 돈만 나와."

이발 봉사

신부님이 여의도에 있는 한 이발소에서 머리를 깎고 나서 얼마냐고 물었다.

착한 이발사가 대답했다.

"돈을 안 내셔도 됩니다. 주님을 위해 봉사했다고 생각하죠."

이튿날 아침 이발사가 자기 이발소에 출근해 보니 신부님의 감사 쪽지와 기도서가 현관 앞에 놓여 있었다.

그 다음 날 경찰관이 이발을 하고 나서 얼마냐고 물었다.

"얼마죠?"

착한 이발사가 대답했다.

"돈을 안 내셔도 됩니다. 지역사회를 위해 봉사했다고 생각하죠."

그 다음날 아침 이발사는 감사패를 받았다.

그러고 나서 며칠 후 한 국회의원이 머리를 깎고 물었다.

"얼마입니까?"

"돈을 안 내셔도 됩니다. 나라를 위해 봉사했다고 생각하죠."

바로 그 다음 날 아침 이발사가 출근해 보니 이발소 앞에 머리가 긴 십여 명의 국회의원들이 그를 기다리고 있었다.

말할 기회

　여자가 버스를 타고 앉아 있는데 남자가 들어오다가 뜻하지 않게 그녀의 옷을 밟고 말았다.

　여자는 남자에게 10분 동안이나 잔소리를 해댔다. 그리고 마지막으로 내뱉은 말,

　"신사라면 사과할 줄 알아야죠."

　그러자 남자가 말했다.

　"숙녀라면 제게 말할 기회를 줬을 겁니다."

진실로 진실로 내가 너희에게 말하노니, 한 알의 밀이 땅에 떨어져 죽지 아니하면 한 알 그대로 남아 있지만 죽으면 많은 열매를 맺느니라. 〈요한 12:24〉

최소 2개 국어는 해야지

고양이가 쥐를 쫓고 있었다.

처절한 레이스를 벌이다가 그만 놓쳐버렸다.

아슬아슬한 찰나에 쥐구멍으로 들어가 버린 것이다.

하는 수 없이 쥐구멍 앞에 쪼그려 앉아 쥐가 나오기를 기다리던 고양이가 갑자기 '멍멍!!!' 하고 짖어댔다.

"뭐야, 이거. 고양이가 바뀌었나?" 하고 쥐가 궁금하여 머리를 구멍 밖으로 내미는 순간, 그만 고양이 발톱에 걸려들고 말았다.

의기양양 쥐를 물고 가며 고양이가 하는 말,

"불경기에 먹고 살려면 적어도 2개 국어는 해야지."

이름을 어렵게 지은 이유

요즘 아파트 이름을 월드 메리앙, 타워팰리스, 미켈란쉐르빌, 하이페리온 등 어렵게 외국어로 짓는데 다 그 이유가 있다.

왜 그럴까?

'나이 많은 시어머니들이 집 찾아오기 어렵게 하려고…!!!'

새 계명을 너희에게 주노니 서로 사랑하라. 내가 너희를 사랑한 것같이 너희도 서로 사랑하라. 너희가 서로 사랑하면 이로써 모든 사람이 너희가 내 제자인 줄 알리라. 〈요한복음 13:34-35〉

농부와 하나님

한 농부가 버려지다시피 한 농장을 샀다.

잡초는 사람 키만큼 자랐고, 울타리는 무너지고 축사도 거의 쓰러질 지경이었다.

첫날 농부가 농장 개조를 시작하는데 마을 교회의 목사가 왔다.

"수고하십니다. 하나님과 함께 멋진 농장을 가꾸시길 바랍니다."

그리고 몇 달 후 다시 목사가 농장에 찾아왔다.

농장은 깨끗하고 튼튼해졌으며 많은 소들과 곡식으로 가득했다.

목사는 180도로 변해버린 농장을 보고 깜짝 놀라서 말했다.

"놀랍군요! 하나님의 능력이란 이런 것입니다. 하나님과 당신이 이루어낸 작품은 정말 아름답습니다."

그러자 농부가 말했다.

"예, 그렇고 말구요. 하지만 이걸 생각해 보슈. 전에 하나님 혼자 농장을 가꿀 때는 어땠는지…."

세상에서 가장 예쁜 여자

세상에서 가장 예쁜 여자를 한 자로 줄이면?

"나."

세상에서 가장 예쁜 여자를 두 자로 줄이면?

"또 나."

세상에서 가장 예쁜 여자를 세 자로 줄이면?

"역시 나."

세상에서 가장 예쁜 여자를 네 자로 줄이면?

"그래도 나."

세상에서 가장 예쁜 여자를 다섯 자로 줄이면?

"다시 봐도 나."

평안을 너희에게 끼치노니 곧 나의 평안을 너희에게 주노라. 내가 너희에게 주는 것은 세상이 주는 것 같지 아니하니라. 너희는 마음에 근심도 말고 두려워하지도 말라. 〈요한복음 14:27〉

술만 안 마시면

출장에서 돌아온 부장이 부하 직원에게 물었다.

"나 없는 사이에 그 녀석이 또 술 마시고 주정 부렸다며?"

그러자 한 직원이 대답했다.

"늘 하던 대로 책상 위에 발을 얹고 아무에게나 욕하고 그

랬죠."

부장이 혀를 차며 말했다.

"그 녀석 술만 안 마시면 지금쯤 대리는 됐을 텐데."

그러자 부하직원이 웃으며 말했다.

"뭘요! 술만 마시면 사장이 되는데요."

주님의 뜻

교회를 열심히 다니는 형제와 자매가 있었다.

아직 결혼을 하지 못한 형제와 자매는 선을 보게 되었다.

워낙에 말수가 적어서 애인이 없었던 두 사람은 멀뚱멀뚱 앉아서 커피를 시켰다.

남자가 먼저 입을 열었다.

"제 이름은 철입니다."

"철이요?"

"네. 성은 전이구요. 전철이 제 이름입니다."

남자는 심각한 목소리로 말했다.

그런데 갑자기 여자가 박장대소를 하는 것이다.

남자가 민망한 듯 물었다.

"아니, 뭐가 그리 우스우시죠?"

그러자 여자가 대답했다.

"사실, 제 이름이 이호선이거든요…. 우린 정말 천생연분이네요"

피고와 판사

한 피고를 무려 여덟 번이나 재판하게 된 판사가 있었다.

"쯧쯧, 자네 또 만났군. 자네는 날 보는 게 부끄럽지도 않나?

내가 지방법원 판사로 있으면서 자네를 재판한 게 오늘까지 벌써 여덟 번째야, 알겠나?"

판사의 얘기를 듣던 피고가 말했다.

"판사님도 참 이상한 분이네요. 판사님이 승진 못한 게 왜 제 탓입니까?"

목사님의 질문

교회에서 목사님이 설교를 하던 중 물었다.

"여러분 중에 미워하는 사람이 하나도 없으신 분, 손들어 보세요."

아무 반응이 없자 다시 물었다.

"아무도 없습니까?"

그때 뒤에 앉아 있던 나이 많은 한 할아버지가 손을 들었다.

목사님은 감격스러운 목소리로 말했다.

"할아버님, 어떻게 하면 그럴 수 있는지 말씀 좀 해주시죠."

할아버지는 나이가 들어서인지 힘없는 목소리로 말했다.

"있었는데… 다… 죽었어."

방향을 바꿔라

안개가 심하게 낀 밤에 조심스럽게 항해하던 선장이 앞쪽에서 이상한 불빛이 비치는 것을 감지했다. 선장은 충돌을 예상하고 신호를 보냈다.

"방향을 20도 우로 바꾸시오!"

그러자 그쪽에서 신호가 왔다.

"당신들이 바꾸시오!"

기분이 상한 선장은 "난 선장이다!"라고 신호를 했다.

잠시 후 그쪽에서도 당당하게 신호가 오는 것이었다.

"난 이등 항해사다!"

이에 화가 난 선장이 외쳤다.

"이 배는 전투함이다. 당장 항로를 바꿔라!"

그러자 그쪽에서도 바로 신호가 왔다.

"여기는 등대다!"

무서운 마누라

어느날 밤 목사님이 길을 가다가 강도를 만났다.

강도가 칼을 들이대며 말했다.

"난 강도다. 가진 돈 다 내놔!"

목사님은 무서웠지만 하나님께서 지켜주실 것을 믿고 담대하게 말했다.

"뭐 돈?… 안 돼! 우리 마누라가 얼마나 무서운지 알아? 내가 집 근처에서 강도한테 돈을 빼앗겼다고 하면 우리 마누라가 나를 가만 놔둘 것 같아?"

강도는 기가 막혀 말이 안 나왔지만, 명색이 강도인지라 그에게 위협적으로 다그쳤다.

"그래서 못 준다 이거야?"

그래도 목사님은 위험을 무릅쓰고 단호하게 말했다.

"못 줘!"

그러자 강도는 목사님의 옆구리에 칼을 더욱 바짝 들이대며 말했다.

"야! 그럼 내가 오늘 한 건도 못했다면 우리 마누라는 나를 가만 놔둘 거 같아?!"

이빨교정

중학생인 맹순이는 치아가 너무 못 생겨서 친구들에게 자주 놀림을 받았다.

견디다 못한 맹순이가 엄마에게 졸랐다.

"엄마, 이빨교정 좀 해줘요. 이빨이 못 생겼다고 친구들이 자꾸만 놀린단 말예요."

그러자 엄마가 대답했다.

"애, 이빨 교정을 하려면 5백만 원도 넘게 들어. 그건 너무 비싸!"

엄마의 말에 맹순이는 속이 상해서 신경질을 부렸다.

"그럼 어떡해? 엄마가 날 이렇게 낳았잖아!"

그러자 엄마가 냉정하게 말했다.

"애, 내가 널 낳았을 땐 이빨이 없었어. 지금 니 이빨은 니가 만든 거다!"

농사와 목사님

도시에서 나서 자란 목사님이 농촌 교회에 새로 부임했다.

그런데 그 동네는 오랜 동안 가뭄이 들어서 농사에 많은 어려움을 겪고 있었다.

어느 날, 한 농부가 목사님을 찾아와서 농사를 위해 비가 내리도록 기도해 달라고 요청했다.

목사님은 농부의 요청에 따라 엘리야처럼 간절히 기도했고, 그 덕분인지 얼마 지나지 않아 정말 비가 내리기 시작했다.

그런데 문제는 비가 너무 많이 와서 오히려 농사가 엉망이 되고 만 것이었다.

그러자 다른 한 농부가 목사님에게 기도를 부탁했던 그 농부에게 말했다.

"그러니까 내가 뭐랬나? 그런 기도는 농사일에 대해 잘 모르는 목사님한테 부탁해선 안 된다고 그랬잖아!"

비밀 번호

어느 교회 사무실에서 전도사님이 캐비닛을 열려고 하는데 갑자기 번호가 생각나지 않았다.

왼쪽으로 두 번, 오른쪽으로 두 번, 그리고 다시 왼쪽으로 한 번 돌려서 여는 캐비닛이었는데 번호가 생각나지 않았다.

그래서 전도사님은 목사님께 여쭤보았다.

"목사님, 캐비닛 다이얼 번호가 몇 번이죠?"

그러자 목사님도 기억이 나지 않는지 한동안 위를 쳐다보고는 뭔가 중얼거렸다. 그러고 나서 캐비닛 앞으로 다가가 번호를 맞추니 캐비닛이 철커덕 열렸다.

전도사님이 신기해서 목사님께 다시 여쭤보았다.

"목사님, 무슨 기도를 하신 거죠? 하나님께서 번호를 가르쳐 주시던가요?"

그러자 목사님이 웃으면서 대답했다.

"저기 천정에 번호가 적혀 있잖아요!"

목사와 목사님

해외 출장이 잦은 목사님 한 분이 있었다.

목사님은 공항에서 출국할 때마다 출국신고서 직업란에 항상 '목사님' 이라고 적었다.

그날도 그 목사님이 출국하게 되었는데, 역시 직업란에 '목사님' 이라고 적어 공항 직원에게 내밀었다.

공항 직원은 속으로 이상하다는 듯 생각하면서 목사님에게 물었다.

"아니, 목사님은 지난 번 출국할 때도 뵈었는데 직업란에 꼭 '목사님' 이라고 쓰시네요."

그러자 그 목사님이 이렇게 대답했다.

"스님들도 그냥 '스' 라고만 쓰는 건 아니잖아요!"

구하여라, 받을 것이다. 찾아라, 얻을 것이다. 문을 두드려라, 열릴 것이다. 누구든지 구하면 받고, 찾으면 얻고, 문을 두드리면 열릴 것이다. 〈마태 7:7〉

왼쪽 팔이 하나

주일학교 유치부 교실에서 목사님이 아이들에게 새로 임명된 여선생님을 소개하려는데, 아이들이 너무 떠드는 바람에 제대로 말을 할 수가 없었다.

그래서 목사님은 아이들을 향해 큰 소리로 이렇게 말했다.

"여기 이 분은 왼쪽 팔이 하나밖에 없습니다!"

그러자 한순간에 아이들은 물을 끼얹은 듯 조용해졌고 신임 여선생님도 당황했다.

그때 목사님은 미소를 지으며 이렇게 말을 이었다.

"그리고 오른쪽 팔도 하나밖에 없습니다!"

학생들: "와아…!"

하나님이 창조하신 애

주일학교 여선생님이 유치부 아이들에게 주의를 줬다.

"여러분, 조금 있다가 목사님이 오실 거예요. 여러분이 그동안 무엇을 배웠는지 물어보실 건데 그때 당황하지 말고 배운 대로 잘 대답하세요."

아이들이 일제히 힘차게 대답했다.

"네, 선생님!"

아이들의 자신 있는 대답에 기분이 좋아진 여선생님은 맨 앞에 앉은 맹구에게 말했다.

"맹구야, 만약 목사님이 '너는 누가 창조했지?' 하고 물으시면 '하나님이요' 하고 대답하는 거야. 알겠지?"

맹구는 고개를 끄덕였다. 그런데 갑자기 화장실이 가고 싶어진 맹구가 선생님께 말했다.

"선생님, 화장실이 급해요."

선생님은 시계를 보면서 말했다.

"그래? 그럼 목사님 오시기 전에 얼른 다녀오너라."

그런데 맹구가 화장실에서 오기도 전에 목사님이 들어오셨다. 아이들과 인사를 나눈 목사님이 맨 앞에 앉은 맹순이에게 물었다.

"애야, 너는 누가 창조했지?"
그러자 맹순이가 대답했다.
"우리 엄마가요."
목사님이 다시 물었다.
"그래?… 하나님이 창조하신 게 아니고?"
그러자 맹순이가 대답했다.
"하나님이 창조하신 애는 지금 화장실에 갔어요!"

부모 된 사람들의 가장 큰 어리석음은 자식을 자랑거리로 만들고자 함이다. 부모 된 사람들의 가장 큰 지혜로움은 자신들의 삶이 자식들의 자랑거리가 되게 하는 것이다.

순결을 바친 처녀

두 남녀가 만나 사귄 지 100일 되는 날 여자는 그때까지 고이 간직했던 순결을 바쳤다.

그런데 1년이 되어도 남자는 결혼하자는 청혼을 하지 않는 것이다.

하는 수 없이 초조해진 여자가 먼저 말했다.

"순결을 바쳤는데 왜 결혼하자고 안 하죠?"

그러자 남자가 고뇌에 차서 말했다.

"집에서 반대가 심해서…!"

여자가 다시 물었다.

"아버님이 반대하시나요?"

"그게 아니구….”

"그럼 어머님이 반대하시나요?"

"그게 아니구….”

여자는 열이 받아 신경질적으로 물었다.

"아니, 그럼 형제들이 반대한다는 거예요?"

"아니 그게 아니라…!"

여자는 더 이상 참을 수가 없었다.

"그럼 대체 누군데요?

그러자 남자는 기어들어가는 목소리로 말했다.
"마누라가…!"

당신에게는 뭘 주셨나요?

안정환에게는 뛰어난 축구실력을 주셨지만 구단복은 안 주셨고,

지단에게는 천재적인 축구실력을 주셨지만 머리를 일부 가져가셨고,

황선홍에겐 실력과 함께 너무 잦은 부상을,

이동국, 고종수에게는 실력과 함께 게으름을 주셨다.

바다에게는 뛰어난 노래실력을 주셨지만 미간을 넓게 하셨고,

유진에게는 아름다운 미모를 주셨지만 넓은 이마를 주셨다.

장나라에게는 깜찍함을 주셨지만 빈약한 가슴을 주셨고,

이효리에게는 섹시함을 주셨지만 너무 빨리 주름을 주셨고,

옥주현에게는 뛰어난 노래 실력과 말솜씨를 주셨지만 너

무 풍만함을 주셨다.

문희준에게는 노래 재능을 주셨지만 많은 안티들을 함께 주셨다.

송혜교에게는 작은 키에 너무 큰 가슴을 주셨고,

송승헌과 강타에게는 멋진 외모를 주셨지만 촌스런 이름도 주셨다(송승복, 안칠현).

박경림에게는 좋은 성격을 주시고 굵은 목소리도 주셨다.

보아에게는 모든 걸 다 주신듯하나 긴 다리를 빠뜨렸다.

세상에 완벽한 사람은 없다.

조성민에게는 예쁜 마누라를 주셨고 덤으로 룸살롱 마담도 주셨다.

신승훈에게는 감미로운 목소리도 주시고 큰머리도 주셨다.

유니에게는 섹시함과 귀여움을 주셨지만 덤으로 싸가지를 주셨다.

김제동에게는 재치 있는 유머를 주셨지만 얼굴에 신경을 안 쓰셨다.

유승준에게는 춤 솜씨를 주셨지만 한국비자를 안 주셨다.

"당신에게는 뭘 주셨나요?"

지갑과 응답

김 집사가 주일 날 교회에 가면서 지갑은 빼 놓고 천 원짜리 한 장만 달랑 주머니에 넣고 간다.

남편: 왜 교회에 갈 때는 지갑을 두고 가지?

김 집사: 지갑을 갖고 가면 헌금할 때 부르는 '내게 있는 모든 것을 아낌없이 바치네!' 찬송을 부를 때 너무 괴롭다구요.

남편: 에휴! 예수님도 당신 기도 소리 들으면 괴로울까봐 응답 주머니를 하늘에 빼 놓고 오시겠네!

집은 언제 사 주시는 거죠?

목회하는 김 목사가 처음으로 교회를 찾아온 신입 교인 한 사람을 맞이하고 있었다.

"참 잘 오셨습니다. 앞으로 계속해서 교회 잘 나오시고 예수 잘 믿으면 세례도 주고, 집사 드리겠습니다. 그러니 열심히 교회 나오세요."

"아! 목사님, 그게 정말입니까? 정말 집 사줍니까?"

"그럼요, 목사가 거짓말을 하겠습니까?"

가난했던 이 신입 교인은 집이 없어 셋방을 살고 있었기 때문에 김 목사의 말에 감동을 받아 열심히 교회에 나왔다. 만 1년 만에 학습 세례를 받았다.

5년이 되던 초에 그 신입 교인이 목사에게 물었다.

"목사님, 예수님만 잘 믿으면 집 사주신다고 했는데 언제 사 주시는 거죠?"

"…? 할렐루야!"

헌금할 돈

엄마가 꼬마에게 말한다.

엄마: "500원은 헌금 내고 500원은 과자 사먹어. 알았지?"

아들: "알았어요."

꼬마는 어깨에 가방 메고 양손에 500원짜리 동전 하나씩 꼭 쥐고 집을 나서 신나게 교회로 달려간다.

그러다 그만 넘어지고 말았다.

손에 꼭 쥐고 있던 동전 하나를 놓쳐 땡그랑 하면서 굴러간다.

데굴데굴…. 에구 에구! 저런!

동전이 하수도 구멍으로 굴러 들어갔다.

꼬마는 툭툭 털고 일어나더니 한 손에 남아 있는 동전을 꼭 쥐면서 중얼거린다.

"앗! 가만, 헌금할 돈이 구멍에 빠지고 말았네!"

아버지와 아들

평소 아버지를 쏙 빼닮았다고 생각하고 있는 아들이 어느 날 갑자기 아버지가 원망스러워졌다.

갑자기 왜 부잣집 녀석들은 저리 부유한 집에서 태어나 놀면서도 잘 먹고 잘 사나 싶은 생각이 들어 화가 치밀어 올랐다.

그래서 아버지에게 따졌다.

"아빠! 왜 아빠는 부자로 안 태어났어요?! 아빠가 부자로 태어났으면 저도 놀면서 잘 먹고 잘 살 수 있잖아요?!"

아버지는 한심하다는 듯한 표정으로 아들을 보며 말한다!

"이런 녀석 보게나! 그러는 너는 왜 박지성으로 안 태어났냐?!"

사랑엔 거짓이 없나니 악을 미워하고 선에 속하라. 형제를 사랑하며 서로 우애하고 존경하기를 서로 먼저 하며… 〈로마서 12:9-10〉

직업적 관계

호텔 레스토랑에서 남편이 의사인 부부가 식사를 하고 있었다.

그런데 건너편에 앉아있던 늘씬하게 차려 입은 가슴이 풍만하고 요염하게 아가씨가 의사에게 인사를 하는 것이다.

아내는 의심의 눈초리로 물었다.

"저 여자 누구예요?"

남편은 잠시 머뭇거리다가 약간 당황하며 말했다.

"직업상 알게 된 여자요."

"직업상이라고요?"

"응… 그렇다니까?"

그러자 아내는 다시 다그치며 물었다.

"그렇다면 당신 쪽 직업요, 아니면 저 여자 쪽 직업인가요?"

하나님 몫

강남에 새로 가게를 차린 한 남자가 간절히 기도드렸다.

"하나님, 하루에 1,000만원씩 벌게 해 주시면 그 중 절반인 500만원을 교회에 바치겠습니다. 맹세코 약속합니다. 아멘!"

다음날 그는 정말로 500만원을 벌었다.

그러자 사나이는 너무 기뻐 하나님께 다시 기도를 드렸다.

"정말 감사합니다, 하나님. 먼저 당신 몫을 떼 놓으셨군요."

자신을 예쁘게 만드는 사람은 세월이 가면서 추해지지만, 남을 예쁘게 보는 눈을 만드는 사람은 세월이 갈수록 보석처럼 빛난다.

헌금

어느 한 부자 노인이 아내의 집요한 설득에 못 이겨 교회를 나오게 되었다. 교회에 나온 첫날 목사의 설교에 감동되어 노인은 믿음이 생기게 되었다. 그래서 예배가 끝나고 노인이 목사와 만났다.

"목사 양반, 그 빌어먹을 설교 졸라 좋았수다."

그러자 목사가 대답했다.

"감사합니다. 그러나 성스러운 예배당에서 저속한 말씀은 삼가주셨으면 합니다."

"미안허우. 근데 난 버릇이 돼놔서. 허허허…. 여하튼! 그놈의 설교를 듣고 내가 뿅 갔단 말이유."

"하지만 교회에선 말씀을 가려서 해주셔야 됩니다."

그러자 노인은 손에 쥔 봉투를 내보이며 말했다.

"이런 빌어먹을. 이거 헌금하려고 가져온 5,000만원인데, 이렇게 나오면 그냥 가져가야 되겠구만."

그러자 목사가 바로 대답했다.

"이런 빌어먹을, 형씨, 졸라 쪼잔하군. 꺼낸 걸 뭘 도로 가져가! 빨리 집어넣어."

아담의 외박

아담이 어느날 외박을 하고 새벽에 들어왔다.

그러자 이브가 매우 화가 나서 소리쳤다.

"당신 지금 몇 시인 줄 알아요? 당신 다른 여자가 생긴 거죠?"

아담은 기가 차서 말이 안 나왔지만, 그래도 싸우기 싫어서 점잖게 대답했다.

"그게 무슨 소리야? 이 세상에 여자라고는 당신뿐이잖아!"

그러나 이브는 의심을 지울 수가 없었다.

그러다가 아담이 깜빡 잠이 들었는데 누군가 옆구리를 쿡쿡 만지는 바람에 잠에서 깨었다. 이브였다.

"당신 지금 뭐하는 거요?"

그러자 이브가 신경질적으로 대답했다.

"가만히 있어요! 지금 당신 갈비뼈 숫자 세고 있어요."

가을과 낙엽

아내와 함께 미술관을 둘러보던 남편이 나뭇잎 한 장만으로 몸의 거기를 가린 이브 그림 앞에서 발걸음을 멈추고, 넋이 나간 채 오랫동안 그것을 들여다보고 있었다.

아내: "뭘 그렇게 보고 있어요?"

남편: "응…!? 그냥…"

그러자 아내가 남편한테 부드럽게 말했다.

"여보, 가을에 다시 한번 오자구요!"

결혼 승낙

교회를 열심히 나가는 청년이 결혼 승낙을 받기 위해 여자친구의 부모님을 찾아갔다.

여자친구의 아버지가 청년에게 물었다.

"그래, 자넨 앞으로 뭘 하면서 살 생각인가?…"

그러자 청년이 당당하게 대답했다.

"네, 전 주님의 종이 될 것입니다."

"아… 그래! 그럼 내 딸은 어떻게 먹여 살릴 거지?"

“하나님께서 돌봐 주실 겁니다.”

“그래?… 그럼 자식은 누가 키우나?”

“그것도 하나님께서 돌봐 주실 겁니다.”

“알았네, 가 보게?”

청년이 돌아간 뒤, 여자친구의 어머니가 궁금해서 남편에게 물었다.

“여보, 보니까 사람이 어떤 것 같아요?”

그러자 여자친구의 아버지가 한숨을 쉬며 대답했다.

“에휴! 그놈은 날 하나님이라고 여기는 것 같던데.”

사랑은 오래 참고, 사랑은 온유하며, 투기하는 자가 되지 아니하며, 사랑은 자랑하지 아니하며, 교만하지 아니하며, 무례히 행치 아니하며, 자기의 유익을 구치 아니하며, 성내지 아니하며, 악한 것을 생각지 아니하며, 불의를 기뻐하지 아니하며, 진리와 함께 기뻐하고 모든 것을 참으며, 모든 것을 믿으며, 모든 것을 바라며, 모든 것을 견디느니라. 〈고전 13:4~13:7〉

천국이 좋은 이유

개척교회 부흥회에서 목사님이 설교 시간에 천국은 매우 좋은 곳이라고 누누이 설명했다.

그런데 한 젊은 성도가 예배 후 목사님을 찾아와서 물었다.

"목사님! 목사님은 천국에 가 보신 적이 있나요?"

"아직 안 가봤습니다."

"그런데 천국이 그렇게 좋은지 어떻게 알아요?"

그러자 목사님이 대답했다.

"그건 아주 쉽게 알 수 있어요. 지금까지 천국이 싫다고 되돌아온 사람이 아무도 없거든요!"

시간 절약

목사님이 이스라엘 시골길을 가다가 이상한 광경을 목격하게 되었다.

한 농부가 낑낑대며 돼지 한 마리를 들어올려 사과나무에서 사과를 따 먹이고 있는 게 아닌가?

그 농부는 다른 돼지들도 차례로 들어올려 사과를 따 먹이느라 땀을 비 오듯 쏟고 있었다.

그렇게 한동안 농부가 애쓰는 모습을 지켜보던 목사님이 그에게 다가가서 조심스럽게 물었다.

"저, 농부님! 나무를 흔들어 사과를 떨어뜨려주면 좀 더 시간이 절약되지 않을까요?"

그러자 농부가 하던 일을 계속하며 퉁명스럽게 말했다.

"돼지가 시간은 절약해서 뭐하게요?"

일찍 일어나는 새

목사님이 주일날에만 교회에 나오는 한 성도에게 권했다.

"성도님, 새벽기도에도 나오세요. 일찍 일어나는 새가 벌레를 잡는 법입니다."

그러자 그 성도가 대답했다.

"하지만 목사님, 일찍 일어나는 벌레가 부지런 떨다 먼저 잡혀 먹히는 수도 있어요."

그때 옆에서 듣고 있던 집사님 한 분이 끼어들었다.

"그 벌레는 틀림없이 외박하고 새벽에 집에 들어가던 벌레일 겁니다!"

자녀들아 우리가 말과 혀로만 사랑하지 말고 오직 행함과 진실함으로 하자. 〈요한일서 3:18〉

공범

목사님이 동네 골목길을 가다가 키가 작은 한 꼬마가 초인종을 누르려고 애쓰는 걸 보았다.

그 꼬마는 키가 너무 작아 까치발을 했지만, 그래도 버튼에 손이 닿질 않아 낑낑대고 있었다.

목사님은 꼬마에게 다가가 그를 안아 올려, 손을 잡고 초인종을 아주 길게 눌러 주었다.

그런 다음 꼬마를 내려놓고 나서 상냥하게 물었다.

"얘야, 이제 됐니?"

그러자 꼬마가 다급하게 말했다.

"아저씨, 이제 빨리 도망가야 돼요!"

사랑하는 자들아 하나님이 이같이 우리를 사랑하셨은 즉 우리도 서로 사랑하는 것이 마땅하도다. 〈요한일서 4:11〉

믿음

목사님이 산을 오르다 미끄러져 절벽에 매달리게 되었다.

아래로는 깎아지른 듯한 천길 낭떠러지인데다 잡고 있는 나무뿌리마저 곧 끊어질 상황이었다.

다급해진 목사님이 소리쳤다.

"사람 살려! 위에 아무도 없어요?"

그러자 위에서 거룩한 목소리가 들려왔다.

"걱정하지 말거라!"

"누구시죠?"

"나는 하나님이다."

"하나님, 살려주세요!"

"알겠다. 그럼 잡고 있는 나무줄기를 놓거라."

"네?"

"나를 믿고, 잡고 있는 나무줄기를 놓으면 살려주리라!"

그러자 목사님이 위를 올려다보며 다시 소리쳤다.

"거기 위에 하나님 말고 다른 분 없어요?"

로또 절반

명예 퇴직한 중년 남자가 새벽에 혼자 교회에 나와 열심히 기도하고 있었다.

그 모습을 갸륵하게 여긴 목사님이 그가 도대체 무슨 기도를 하는지 궁금해서 가까이 다가가 들어보았다.

그랬더니 그는 이렇게 기도하고 있었다.

"하나님, 제발 100억 원짜리 로또에 당첨되게 해 주세요. 그렇게만 해주신다면, 그 중 십일조가 아니라 절반은 반드시 불쌍한 사람들을 위해 기부하겠습니다. 만약 믿지 못하시겠거든 먼저 절반을 떼고 주셔도 좋습니다."

골프와 주일예배

한 남자가 교회를 다니는 친구와 일요일에 골프를 치러 가기로 했다. 그런데 그 친구가 약속시간보다 30분이나 늦게 도착했다.

남자는 화가 나서 친구에게 말했다.

"왜 이렇게 늦은 거야?…"

그러자 그 친구가 설명했다.

"사실은 주일예배를 빠진다는 게 너무 부담되는 거야. 그래서 동전을 던져 앞면이 나오면 교회를 가고, 뒷면이 나오면 골프를 치러 가기로 했지. 그 바람에…!!"

"그런데 왜 이렇게 늦었다는 거야?"

"계속 앞면이 나오기에 뒷면이 나올 때까지 던졌지!"

땡초의 개종

마을을 지나 절로 가려면 저수지를 건너야만 했다.

어느 추운 겨울날, 시주를 마치고 절로 돌아가던 스님이 맘이 급하셨는지 질러가기 위해 얼어붙은 저수지 얼음 위로 들어섰다.

저수지 중간쯤 건널 때쯤 얼음이 우지직 하고 갈라지기 시작했다. 스님은 겁이 나서 엉금엉금 기어서 건넜다.

다행히 스님은 무사히 저수지를 건너서는 한숨을 쉬면서 이렇게 말했다.

"아이고, 하나님 감사합니다!"

틀니를 낀 목사님

새로 부임한 나이 많은 목사님은 사람들을 대할 때, 그 태도가 인자하여 교인들 모두가 좋아했다. 그런데 한 가지 흠이 있다면 설교를 할 때 말을 더듬거리면서 너무 느리게 한다는 것이었다.

그런데 어느 날…

그 목사님이 전혀 더듬거리지 않고 청산유수로 설교를 했다.

교인들이 놀라서 물었다.

"아니, 목사님! 그렇게 설교를 잘 하시면서 왜 지금까지는 실력을 숨기시고 계셨습니까?"

그러자 목사님이 이렇게 대답했다.

"그런 게 아니고요. 아침에 내 것인 줄 알고 집사람 틀니를 끼고 나왔더니, 나도 모르게 말이 빠르게 쏟아져 나온 거라구요!"

마가복음 17장

목사님이 설교를 마무리하면서 성도들에게 말했다.

"다음 주에는 거짓말이라는 죄에 대해 설교를 하고자 합니다. 설교에 대한 이해를 돕기 위해 모두들 마가복음 17장을 읽어 오시기 바랍니다."

일주일 후…

목사님은 설교를 하기에 앞서 얼마나 많은 사람들이 마가복음 17장을 읽어 왔는지 알아보려고, 성도들에게 손을 들도록 했다.

그러자 전원이 손을 들었다.

목사님은 싱긋 웃으며 말했다.

"마가복음은 16장까지밖에 없습니다. 자, 이제 거짓말이라는 죄에 대해 설교를 하도록 하겠습니다!"

에스키모의 생활

선교사가 전도를 하기 위해 북극의 한 마을에 들어가서 에스키모인을 만났다.

그는 먼저 원주민들의 생활을 알아야겠기에 추장에게 물었다.

"북극에선 8개월 동안 낮만 계속된다던데, 그땐 뭘 하면서 지내시나요?"

추장이 짧게 대답했다,

"우린 낚시를 하면서 지내요!"

선교사가 다시 물었다.

"그럼, 4개월 동안 밤만 계속될 땐 뭘 하면서 지내세요?"

그러자 추장이 역시 짧게 대답했다.

"그땐 낚시를 안 해요!"

임금님의 민생 시찰

임금님께서 평민으로 변장을 한 다음 신하를 데리고 민생 시찰을 나갔다.

임금님과 신하는 먼저 주막집에 들렀다.

주막집 문을 두드리며 소리쳤다.

"이리 오너라! 이리 오너라!"

그러자 주막집 아들이 방문을 빼꼼히 열고 말했다.

"아이구, 왜 자꾸 귀찮게 부르세요? 그냥 들어오시면 되잖아요!"

그러자 그의 어머니가 아들을 나무라며 말했다.

"애야, 내가 뭐라고 그랬냐? 손님은 왕이랬잖아!"

그러자 신하가 뒤를 돌아보며 임금님께 아뢰었다.

"임금님, 들켰습니다."

남자를 먼저 만든 이유

여자 신도가 성경을 읽다가 궁금한 점이 있어 있어서 목사님께 물었다.

"목사님, 하나님께서는 왜 여자를 먼저 만들지 않고 남자를 먼저 만드셨나요?"

그러자 목사님께서 이렇게 대답하였다.

"만약 여자를 먼저 만들었다고 생각해 보세요. 남자를 만들 때 얼마나 간섭이 심했겠어요?"

남편과 리모컨

장을 보러 나온 여자가 마트에서 물건을 계산대 위에 올려놓았다.

계산원이 계산을 하고 나서 물었다.

"현찰로 하시겠어요, 카드로 하시겠어요?"

그런데 여자가 지갑을 꺼내는데 TV 리모컨이 함께 나왔다.

계산원이 웃으면서 물었다.

"TV 리모컨은 왜 가지고 다니세요?"

그러자 여자가 이렇게 대답했다.

"예…, 남편보고 장보러 같이 가자고 했는데, 안 따라 나서기에 가지고 온 거예요!"

아내의 수수께끼

부부가 여행 중에 아내가 남편에게 수수께끼를 냈다.

"당신이 기차의 기관사라고 치고 기차에는 500명이 타고 있었어요. 처음 도착한 역에서 50명이 내리고 10명이 탔어요. 그리고 다음 역에서 10명이 내리고 50명이 탔어요. 그럼 기관사 이름이 뭐게요?"

아내의 질문에 남편이 어이없어 하며 대답했다.

"아니, 승객 수를 알아맞히라는 것도 아니고 내가 기관사 이름을 어떻게 알아?"

그러자 아내가 발끈하며 쏘아붙였다.

"그것 봐요. 당신은 늘 내 말을 귀담아 듣질 않는다구요. 내가 첨에 당신은 기관사라 치자고 했잖아요?"

외출 준비

일요일 아침, 부부가 교회에 갈 준비를 하고 있었다.

옷을 다 차려입은 남편이 아내에게 물었다.

"여보, 준비 다 됐소?"

그러자 아내가 남편에게 말했다.

"제발, 좀 재촉하지 말아요. 잠깐이면 된다고 30분 전에
말했잖아요!"

공처가

목사님이 공처가로 소문난 친구 집에 놀러 갔다.

그런데 공처가 친구는 마침 앞치마를 빨고 있었다.

목사님이 혀를 끌끌 차며 말했다.

"쯧쯧, 한심하구먼! 마누라 앞치마나 빨고 있으니…!"

그러자 그 말을 들은 공처가 친구가 버럭 화를 내며 말했다.

"말조심하게! 내가 어디 마누가 앞치마나 빨 사람으로
보이나? 이건 내 앞치마야!"

남자는 하늘

집사님 부부가 부부싸움을 하고 있었다.

아내가 남편에게 마구 대들었다.

"내가 뭐 당신 종인 줄 알아요? 나도 이제부터 내 맘대로 할 거라고요!"

남편이 화가 나서 말했다.

"아니 이 여자가 하늘같은 남편한테 대들다니, 남편은 하늘이고 아내는 땅이라는 거 몰라?"

그러자 아내가 더욱 기세등등하게 대들었다.

"아이고, 요즘 땅값이 하늘 꼭대기까지 치솟았다는 거 몰라요?!"

술 취하지 말라 이는 방탕한 것이니 오직 성령의 충만함을 받으라. 〈에베소서 5:18〉

진정한 복수

아내의 하는 일이 하나같이 못 마땅해 늘 타박을 하는 남편이 있었다. 하지만 아내는 속으로 꾹 눌러 참으면서 살고 있었다.

그러던 어느 날, 부부가 함께 교회에 갔다가 돌아오는 길에 남편이 앞장서서 무단횡단을 하게 되었다.

그때 사고가 날 뻔한 지나가던 택시 운전사가 창문을 내리고 마구 욕을 해댔다.

"야, 이 미친 멍청이, 바보 놈아! 죽으려고 환장했어?"

택시가 지나간 다음, 뒤따라온 아내가 멍하니 서 있는 남편한테 물었다.

"당신, 아는 사람이에요?"

"아니, 모르는 사람인데!"

그러자 아내는 이상하다는 표정을 지으며 말했다.

"어머! 그런데 저 사람이 어떻게 당신에 대해서 그렇게 잘 알죠?"

무시당하고 사는 남편

아내에게 항상 무시당하며 사는 남편이 있었다.

부인은 말끝마다 "당신이 뭘 알아요?" 하면서 남편을 무시했다.

그러던 어느 날, 아내에게 병원으로부터 급한 전화가 걸려왔다. 남편이 교통사고를 당해 중환자실에 있으니 빨리 오라는 연락이었다.

부인은 허겁지겁 병원으로 달려갔다. 그러나 아내가 병원에 도착했을 때는 이미 남편은 하얀 천을 덮어쓰고 있었다.

남편이 막상 죽었다고 생각하니 평소 남편을 무시하며 살아왔다는 것이 너무나 후회스러웠다. 그래서 죽은 남편을 부여잡고 한참을 울었다.

그런데 부인이 한참 그렇게 울고 있을 때, 남편이 슬그머니 천을 내리며 말했다.

"여보, 나 아직 안 죽었어!"

그러자 깜짝 놀란 부인이 울음을 뚝 그치고 남편에게 쏘아붙였다.

"당신이 뭘 알아요? 의사가 죽었다는데!"

남의 장례식장

재산이 많기로 소문난 유태인 로스차일드 남작이 세상을 떠났다. 그래서 전 유럽에서 그의 장례식에 참석하려고 수많은 사람들이 모여들었다.

곧 엄숙한 분위기에서 성대한 장례식이 행해졌다.

그런데 한 가지 이상한 일이 있었다. 장례식 시작부터 끝날 때까지 한 남자가 가장 큰 소리로 엉엉 울고 있는 것이었다.

장례식이 끝나자 로스차일드 집안 사람들이 그 남자에게 다가갔다.

"당신은 로스차일드 남작의 친구이신가요?"

그러자 그 남자는 고개를 저으며 더욱 더 소리내어 울어대는 것이었다. 그래서 유태인들은 전 세계에 흩어져 있으므로 이 사람이 혹시 자기들이 모르는 일가가 아닌가 하여 다시 이렇게 물었다.

"그렇다면 우리의 일가이십니까?"

이제 남자는 더욱 더 절망적으로 울어댔다. 한참 후 울다가 지쳐버리자 그는 눈물을 닦으며 이렇게 말했다.

"그렇지 않기 때문에 울고 있는 겁니다."

진짜 변강쇠

서로 자기가 진짜 변강쇠라고 허풍을 떠는 세 남자가 만났다.

첫 번째 남자가 힘자랑을 했다.

"어젯밤에는 여섯 번이나 했어. 그러니까 달걀 프라이가 여섯 개나 밥상에 올라오더군."

그러자 두 번째 남자가 말했다.

"뭘 그 정도 갖고 그래. 나는 열 번을 했더니 잔칫상 같은 요리가 나오던 걸!!"

세 번째 남자는 앞의 두 남자의 말을 듣고는 웃긴다는 투로 말했다.

"나는 딱 한 번밖에 안 했어!"

앞의 두 남자는 한심하다는 듯이 물었다.

"그래, 밥상이 어땠나?"

세 번째 남자가 다시 말했다.

"이제 아침식사 준비 좀 하게 그만 하자고 통사정을 하더군!"

밥값을 누가 냈을까?

어느 식당에 손님 셋이 식사를 하고 있었다. 모두 지체가 높으신 분들 같았다. 그들은 맛있게 음식을 먹고는 서로 눈치만 보고 밥값을 내지 않고 머뭇거리고 있었다. 한참을 기다려도 밥값을 내지 않는 것이었다. 알고 보니 한 사람은 경찰서장이었고, 또 한 사람은 세무서장이었고, 다른 한 사람은 목사님이었다.

과연 이 세 사람 중에 누가 밥값을 냈을까?

주인이 아무리 생각해 보아도 밥값을 낼 사람이 없을 것 같아 주인이 대신 밥값을 내고는 이렇게 말했다.

"밥값은 제가 계산했으니 이제 일어 나셔도 됩니다."

그때서야 그들은 슬그머니 일어났다.

아름다운 여인에게 분별이 없는 것은 마치 돼지 코에 금 고리 같으니라. 〈잠언 11:22〉

뛰어내리는 것은 공짜요

2차 대전 후 각 나라 사람들을 싣고 가던 B29 비행기가 갑자기 고장이 났다. 낙하산을 짊어지고 속히 뛰어 내리라고 기장이 말했다.

모두들 겁을 먹고 망설이고 있자 기장은 먼저 독일인에게 말했다.

"히틀러의 명령이다. 뛰어내려!" 하자 벌떡 일어나 "하이! 히틀러"하고 뛰어내렸다.

다음으로 일본인에게는,

"천황폐하의 명령이다"했더니 "쏘데스까" 하고 뛰어내렸다.

프랑스인에게는 먼저 뛰어내린 자들의 펼쳐진 낙하산을 보이면서,

"저것 보시오, 스타일이 멋지지 않소, 뛰어내려요!" 하자 뛰어내렸고, 미국인 승객에게는,

"민주주의의 원칙을 따라야 하지 않겠습니까?" 했더니 뛰어 내렸다.

맨 나중까지 남은 한국인에게 와서는 기장이 한참 생각했는데 뭐라고 말했을까?

"뛰어내리는 것은 공짜요."

그러자 한국인은 "하나님 맙소사! 진짜로 공짜입니까?" 하고 뛰어내렸다.

앓느니 죽지

어떤 사람이 맹장 수술을 받으러 병원에 갔다. 그런데 그 담당의사는 건망증이 매우 심한 사람이어서 수술을 하다 그만 메스를 환자의 뱃속에 넣고 봉합해 버렸다.

나중에 실수를 깨달은 의사가 다시 뱃속을 열었는데, 이번에는 가위를 넣고 봉합을 했다. 할 수 없이 또 뱃속을 열고 있는데 수술 예정시간이 지나 환자가 마취에서 깨어나 버렸다.

수술 과정을 알게 된 그 환자는 어이가 없어 할 말을 잃었다.

뭐라고 말했을까?

"차라리 지퍼를 다쇼, 지퍼를!"

이상한 결과

몸무게가 130kg 이나 되는 뚱뚱한 여자가 있었다.

승마를 하면 살이 빠진다는 이야기에 매일같이 승마를 했다.

그런데 한 달이 지난 후 이상한 결과가 나왔다.

여자의 몸무게는 그대로…,

말은 5kg 빠졌다.

방귀 냄새가 나지 않는 사람

한 남자가 있었다.

그 남자는 이상하게도 방귀를 뀌면 소리만 크게 날 뿐 냄새가 전혀 나지 않는 것이었다.

이를 이상하게 여긴 남자는 급히 병원으로 갔다.

"선생님 전 방귀를 뀌면 소리만 크고 냄새가 전혀 나지 않아요. 무슨 병이라도 있는 게 아닐까요?"

"그럼 방귀가 나올 때까지 기다려 봅시다."

시간이 좀 흘렀다. 큰 소리와 함께 방귀가 나왔다.

그러자 얼굴이 누렇게 변한 의사가 뭐라고 말했을까?

주례비용

결혼을 앞둔 커플이 있었다. 주례를 서 줄 사람이 마땅히 없어서 전문가에게 맡기기로 했다.

"주례 좀 서 주십시오. 사례는 충분히 드리겠습니다. 얼마면 될까요?"

주례는 빙그레 웃으면서,

"신부가 예쁜 만큼만 성의껏 주세요."

그러자 신랑은 주례의 손에 만 원을 쥐어 주었다.

주례는 어이가 없었지만 말을 했으니 어쩔 수 없이 주례를 서 주기로 했다.

결혼식이 끝나자 주례는 신부의 얼굴이 궁금했다.

그래서 신부에게 다가서서 면사포를 살짝 들춰봤다.

그리고 조용히 신랑에게 다가가서 말했다.

"얼마 거슬러 줄까?"

악처에게 시달린 반세기

사탄이 나타나자 노인 한 사람만 남고 모두 밖으로 나가 버렸다.

그러자 사탄은 그 노인에게로 다가갔다.

사탄: 그대는 내가 무섭지 않은가?

노인: 천만에!

사탄: 내 말 한 마디로 그대는 죽을 수 있다.

노인: 잘 알고 있지.

사탄: 그래도 내가 무섭지 않은가?

노인: 나는 네 누이하고 결혼해서 50년도 더 살아왔어!

관료주의

정부 종합청사 한 부서에서 문서 담당자가 부장에게 보고했다.

"서류함이 꽉 찼습니다. 10년 이상 된 문서들은 폐기해야 겠습니다."

부장은 고개를 끄덕이더니 잠시 후 이렇게 말했다.

"그렇게 하지! 하지만 폐기하기 전에 서류들을 하나도 빠짐없이 복사해 두어야 하네!.

요술램프

어떤 노총각이 있었다. 어느 날 노총각이 요술램프를 주
웠는데 요정이 나타나 딱 한 가지 소원을 들어준다고 했다.
노총각은 욕심이 나서 세 개의 소원을 순식간에 말했다.
"돈, 여자, 결혼이 소원입니다."
그런데 그 소원은 곧 이루어졌다.
다음 날 노총각은.
돈 여자와 결혼하였다.

결혼비용

교회에서 결혼식을 보고 온 아들이 아버지에게 물었다.
"아빠, 아빠! 결혼하는 데 돈이 얼마나 들어?"
아들의 질문에 아버지는 잠시 생각하다가 말했다.
"글쎄, 사람마다 다 틀리겠지!"
그러자 아들이 다시 물었다.
"그럼, 아빤 엄마랑 결혼하는 데 얼마나 들었어?"
그러자 아빠가 한숨을 쉬며 대답했다.

"아직 알 수 없단다. 아직도 그 값을 계속 치르고 있으니까!"

"…???"

도둑맞은 성모 마리아상

평소 착한 일을 한 번도 한 적이 없는 소년이 있었다.

크리스마스가 되어 선물을 받는 친구를 보고 샘이 난 소년은 엄마에게 어떻게 하면 크리스마스 선물을 받을 수 있냐고 물었다.

"착한 일을 하면 예수님이 선물을 주신단다."

착한 일을 할 자신이 없었던 소년은 한 가지 꾀를 냈다.

다음날 아침 동네 성당의 성모 마리아상이 없어지고 그 자리에는 쪽지가 하나 있었다.

"예수님! 엄마를 찾으려면 오늘밤 반드시 저에게 선물을 보내주세요!"

알 수 없는 놈

주일학교 선생님이 학생들에게 말했다.

"친구를 보면 그 사람을 알 수 있습니다. 여러분도 친구를 잘 사귀어야 합니다."

그러자 맨 뒤에 앉은 맹구가 손을 번쩍 들고 물었다.

"선생님, 전 친구가 없는데요?"

선생님이 맹구를 보며 한마디 했다.

"그러니까 넌 알 수 없는 놈이야."

개척교회

코끼리 쇼를 사람들이 재미있게 구경하고 있었다.

얼마나 조련사가 훈련을 잘 시켰는지 코끼리는 어떤 일에도 눈물을 흘리지 않는다. 조련사가 자신 있게 관중을 보며 말했다.

"코끼리가 눈물 흘리게 하는 사람에게 100만 원을 주겠소."

한참을 지난 후에 성도들과 함께 구경을 온 한 목사님이 나서며 말했다.

"내가 한번 해 보겠소."

목사님은 개척교회 시절에 힘들고 어려웠던 이야기를 눈물까지 흘리며 코끼리에게 말했다.

그 소리를 듣던 코끼리가 그만 눈물을 흘리고야 말았다.

당황한 조련사가 다시 말했다.

"그렇지만 코끼리 앞발을 들게 할 수는 없을 거요."

그러자 목사님이 코끼리 귀에 대고 뭐라고 한마디 했더니 코끼리가 앞발 뒷발을 다 들어버렸다.

놀란 조련사가 물었다.

"도대체 무슨 말을 한 거요?"

"나하고 같이 시골에 가서 개척교회 하지 않을래?"

네 처음은 미약하였으나 나중은 심히 창대하리라. 〈욥기 8:7〉

좋아하는 교회

목사님이 새로 등록한 교인 집에 심방을 갔다.

그 가정은 전에 침례교, 장로교, 천주교 등 다양한 교회에 다닌 경험이 있었고, 남편은 아내에 비해 신앙생활을 열심히 하지 않은 사람이었다.

목사님이 이야기를 부드럽게 이끌어나가기 위해 남편에게 물었다.

"여러 교파의 여러 교회를 다녀보셨을 텐데, 어느 교파 어느 교회가 제일 좋던가요?"

그 남자는 잠시 생각하더니 말했다.

"제가 다녀본 교회 중에서는 빨간 벽돌로 지은 교회가 제일 좋던데요!!"

예수가 누군가?

경상도 할머니 셋이 얘기를 나누고 있었다.

한 할머니: "예수가 죽었단다."

다른 할머니: "뭐라고? 왜 죽었다카드노?"

한 할머니: "못에 찔려 죽었다 안카나."

다른 할머니: "에이고, 머리 풀어 헤치고 다닐 때 내 알아 봤다."

아무 말도 안 하고 있던 할머니: "예수가 누꼬?"

다른 할머니: "몰라 우리 며늘아이가 아부지 아부지케사니 사돈 어른인갑지 뭐."

까마귀 고기

남편이 시도 때도 없이 덤벼드는 바람에 힘들어 하는 부인이 있었다.

까마귀 고기를 먹이면 그 짓 하는 것도 잊어버릴지 모른다는 이야기를 어디서 듣고 남편이 아예 그 생각을 못 하게 하기 위해 까마귀고기를 먹였다.

문제는 그 후, 남편의 상태는 더 심해졌다.

밤새도록 18번째 작업을 끝내고 내려가는 남편에게 기진맥진한 부인이 말했다.

"지긋지긋하지도 않아요? 어떻게 하룻밤에 18번이나 해요?"

그러자 남편의 말.

"아니 18번이라고? 요즘은 통 기억이 없어."

목사님과 막걸리

초신자: 충격 받고 교회 안 나온다.

오래된 신자: 충격 받은 초신자 데리러 갔다가 같이 충격 받고 교회 두고 온 성경 챙겨서 다른 교회로 간다.

청년회: "역시 우리 목사님은 앞서가는 분이야"라면서 다음 주 월례회 장소를 술집으로 정한다.

서리집사: 충격 받고 안 나오는 신자 찾아가서 "세상에 하나님 말고 믿을 놈이 어딨나"라면서 목사 욕한 다음 당장 제직회 열어서 노회에 보고하겠다고 한다.

안수집사: 대장 장로님 찾아가서 목사 청빙 광고 내라고 한다.

장로1년차: 다른 교회 친구한테 좋은 목사 소개 부탁한다.

장로5년차: 잘 아는 좋은 목사 있다고 소개한다.

원로장로: 찾아온 당회원들에게 말한다. "그거 술 아냐 우유야, 나도 먹어봤는데 진짜 우유야"

교회마다 이런 사람 꼭 있다!

- 어느 교회에 가든지 간에 기도할 때 눈 뜨는 사람 꼭 있다!
- 어느 교회에 가든지 간에 기도할 때 눈을 떠 보면 눈이 마주치는 사람 꼭 있다!!
- 어느 교회에 가든지 간에 기도하다가 눈뜨다 눈이 마주치는 사람 중에 들킨 것처럼 다시 감는 사람 꼭 있다!!!
- 어느 교회에 가든지 간에 기도시간에 눈뜨다 다른 사람과 눈이 마주쳐서 눈을 감았을 때, 다시 확인하는 사람 꼭 있다.

제직회 실황 중계

말도 많고 탈도 많은 교회에서 추수감사절을 앞두고 제직회를 열었다. 그날도 제직회는 길어지는지라 하고 싶은 말이 있어도 서로 자제하고 있는데 제직회에 처음 참석한 신참 집사님이 발언권을 요청했다.

신참 집사: 의장님, 이번 추수감사절에 떡을 해서 우리도 먹고 이웃도 같이 나눠 먹으면 좋겠습니다.

김 장로: 좋은 생각입니다. 우리도 먹고 전도도 할 겸 떡을 하는 것이 좋겠습니다.

이 장로: 지금이 어떤 세상인데 떡을 만들어 먹습니까? 요즘은 먹을 것이 많아서 떡을 만들어도 먹지 않으니 만들지 맙시다.

박 장로: 그래도 그렇지 추수감사절은 교회의 명절인데 떡을 만들어서 경로당도 같다주면 좋겠습니다.

조 장로: 다 좋으신 말씀인데 뭐 그것 가지고 다투면서까지 떡을 만들 필요가 있습니까? 만들지 맙시다.

최 장로: 요즘 가뜩이나 교회가 인색하다고들 하는데 떡을 만드는 것이 좋겠습니다.

김 안수집사: … 만들지 맙시다.

이 안수집사: … 만듭시다.

강. 최. 정. 전 집사: …만듭시다. 만들지 맙시다.

이렇게 떡을 만들 것인가 만들지 말 것인가 서로 주장을 내세우다가 결국은 떡을 만들기로 결정을 했는데 네 시간이 지나갔다.

회의는 계속된다.

목사님: 그러면 무슨 떡으로 할까요?

김 장로: 백설기 떡으로 합시다.

이 장로: 요즘 세상에 백설기 떡 먹는 사람이 어디 있습니까? 인절미로 합시다.

박 장로: 교회에서 무슨 인절미입니까? 시루떡으로 합시다.

최 장로: 송편으로 합시다.

안 장로: 가장 쉬운 절편으로 합시다.

강. 이. 안. 박. 정 안수 집사: 이 떡으로 합시다. 아니 저 떡으로 합시다.

목사님: 회의 결과를 말씀드리겠습니다.

이번 추수감사절에 떡을 하는데 종류는 백설기로 결정되었습니다. 이상으로 제직회를 마치겠습니다. 서기 장로님께서는 회의록을 낭독해 주시기 바랍니다.

서기 장로: 2012년 0월 0일 오후 1시에 회의를 개회하여 신참 집사님께서 추수감사절에 떡을 만들자는 안건을 내신 후 17시에 떡을 만들기로 결정하고, 17시에 목사님께서 무슨 떡을 만들 것인가의 의견에 여러 제직의견을 수렴하여 백설기 떡을 만들기로 목사님께서 선포하니 21시가 되었습니다.

교회 가기 싫은 이유 세 가지

50대 아들이 그의 노모에게 교회에 가기 싫은 세 가지 이유를 말했다.

첫째, 아침 일찍 일어나야 하는 것이 너무 힘들다.

둘째, 성가대원들이 자주 음이 틀려 마음이 아프다.

셋째, 교회 장로님의 기도시간이 너무 길어서 언제 끝날지 몰라 항상 긴장된다.

그때 그의 노모가 이렇게 응수했다. "네가 교회에 꼭 가야 하는 세 가지 이유가 있다."

첫째, 교회에 모여 예배드리는 것은 하나님의 명령이다.

둘째, 주일예배는 신앙생활의 기본이다.

셋째, 네가 그 교회 담임목사이기 때문이다.

교회 안의 박쥐

목사님 셋이 모여서 점심을 먹으며 이야기를 하고 있었다.

첫 번째 목사님이 말했다.

"난 우리 교회의 박쥐들 때문에 골치가 아파요. 위층에만 올라가면 박쥐가 얼마나 많은지. 살충제를 뿌리고 고양이를 풀고 무슨 짓을 해도 그놈들은 안 나가더라구요."

두 번째 목사님이 말했다.

"나도 그래요. 우리 교회 다락방에도 엄청나게 박쥐가 많아요. 난 불을 피워 연기를 가득 채웠는데도 그놈들은 꿈쩍도 안 해요."

세 번째 목사님이 말했다.

"그래요? 우리 교회 박쥐들은 자진해서 쉽게들 나가던데. 요즘엔 한 마리도 안 보여요."

"어떻게 했는데요?"

다른 목사님들이 궁금해서 물었다.

"난 박쥐들에게 세례를 주고 교인 명부에 등록을 했어요. 그리고 매일 올라가서 설교를 했죠."

"…?"

과거가 있는 사람들

장로님, 권사님, 집사님을 태우고 목사님이 손수 운전을 하며 심방을 가는 중이었다. 자동차가 신호등에 걸려 서 있는 동안 목사님께서 장로님에게 말을 건넸다.

"장로님, 저 앞 차의 번호판을 보니 옛날 예수님을 믿지 않던 시절 화투치던 생각이 나는군요."

이에 장로님은 의아한 듯 쳐다보았다.

"저 앞 차 번호가 아주 좋습니다. 992짓고 4자가 둘이니 4땡이네요."

장로님은 그때서야 무슨 말인지 알아듣고는 넙죽 받아 하는 말이, "목사님, 저것은 992짓고 4땡이 아니라 442짓고 9 땡입니다."라고 했다. 그러자 뒤에 있던 집사님이 거들기를,

"그런 걸 보고 쌍 땡이라고 하는 겁니다."라고 하는 것이 아닌가!

세 사람의 이야기를 옆에서 조용히 듣고 있던 권사님이 웃으며 입을 열었다.

"다 과거가 있는 분들이군요."

*하나님은 과거가 있는 분들을 변화시켜서 유용하게 사용하시는 분이십니다.

하나님이 계시지 않는 교회

한 사내가 이른 아침부터 술에 잔뜩 취한 채 비틀거리면서 예배당 안으로 걸어 들어왔다.

그는 교회의 문을 마구 흔들어대며 들어가려고 하였다. 이 광경을 멀리서 보고 있던 집사가 뛰어왔다.

"아니, 이 양반이 이른 아침부터 술에 취해 누구를 만나려고 이러는 건가?" 하고 말했다.

"나 말이요, 하나님이란 분을 만나러 왔소."

이 사내는 다시 교회 문을 흔들며 들어가려고 하였다. 집사는 급한 김에 강력히 막으며 말했다.

"우리 교회에는 그런 분은 없소이다."

생각건대 현재의 고난은 장차 우리에게 나타날 영광과 족히 비교할 수 없도다. 〈로마서 8:18〉

첫날밤 수칙 9

① 호텔방에 들어서면 첨 온 것처럼 행동하라. 평소처럼 하다가는 선수인 거 들통난다.

② 와인은 조금만 마셔라. 과음하면 옛날 애인 이름 다 나온다.

③ 남자가 과거를 용서해 준다고 해도 박박 우겨라. 감언이설에 넘어가면 끝장난다.

④ 남자보다 먼저 옷 벗지 말라. 바로 파토난다.

⑤ 남자가 옷 벗기면 두 눈 감고 부끄러워하라.

⑥ 실행에 들어갔을 때 무조건 아파하라. 신음소리 내다가는 수술비만 날린다.

⑦ 잠자지 말라. 잠꼬대로 옛날 남자 이름 나온다.

⑧ 남자보다 먼저 일어나 화장을 하라. 자신의 원판 나온다.

⑨ 일 끝나고 남자가 어땠냐고 물으면 고통 그 자체라고 엄살 펴라.

남자의 기도

한 남자가 미국의 캘리포니아 해안을 걷다가 갑자기 무슨 생각이 떠올라 기도를 했다.

"하나님! 저의 간절한 소원 하나를 들어주세요."

그러자 갑자기 이 남자의 머리 위 하늘의 구름 위에서 하나님의 음성이 들려왔다.

"너의 변함없는 믿음을 보고 내가 네 소원 한 가지는 꼭 들어주마."

그 남자가 말했다.

"하와이까지 다리를 하나 만들어 주십시오. 제가 언제든지 차로 갈 수 있게 말입니다."

그러자 하나님의 음성이 다시 들려왔다.

"너의 기도는 들어가는 자재가 너무 많아. 그게 보통 일이냐. 다리의 교각이 태평양 바다 밑까지 닿아야 하고, 또 콘크리트와 철근은 얼마나 들어가겠니? 내가 할 수는 있지만 정말 세상 살아가는 데 꼭 필요하다고 할 수는 없겠구나. 다시 한 번 생각해 보고 내 영광을 나타낼 수 있는 다른 한 가지 소원을 말해 보아라."

그 남자는 한참동안 더 생각하다 결국 이렇게 말했다.

“그러면 하나님! 저에게 여자의 마음을 알 수 있도록 해 주시기를 원합니다. 여자들이 내게 삐져서 말 안하고 있을 때 마음속에 어떻게 느끼고 뭘 생각하는지, 왜 우는지요. 그리고 여자들이 '안 돼! 안 돼! 싫어! 싫어!' 라고 할 때 정말 안 되고 싫은 것인지요? 어떻게 하면 여자의 마음을 알 수 있을까요?”

그러자 하나님은 한숨을 내쉬며 대답하셨다.

“차라리 하와이까지 가는 다리를 8차선으로 놔 주마!!1”

세상과 타협하는 일보다 더 경계해야 할 일은 자기 자신과 타협하는 일이다. 스스로 자신의 냉엄한 스승 노릇을 하라.

자매의 기도

한 자매가 열심히 작정기도를 드리고 있었다. 그 자매는 날마다 기도했다.

'하나님 저는 신랑이 필요합니다. 결혼해야 합니다. 좋은 남자 보내주세요.'

정말 믿음도 좋고 신앙심이 깊은 자매였는데, 그리고 열심히 작정기도를 드려도 하나님께선 도무지 남자를 보내주시지 않는 것이다.

그러던 어느 날 그 자매가 기도하는 것을 본 목사님이 자매를 불러 이렇게 이야기했다.

"자매님의 기도는 너무나 자기 자신만을 위한 것이에요, 자신만을 위해서 기도하기보다 부모님이나 이웃을 위하여 기도를 드리는 것이 더 성숙하고 잘 전달될 것입니다."

그래서 그 자매는 깨달음을 얻었는지 다음 날부터는 기도의 내용을 바꾸었다.

'하나님 저희 사랑하는 부모님에겐 정말로 좋은 사위가 필요합니다. 부디 저희 부모님들을 위해 멋지고 좋은 사위를 보내주세요. 아멘!'

감옥

형무소 교도관이 죄수들의 면회 기록을 조사하던 중 감옥
에 수감된 후 10년 동안 면회를 와 주는 사람이 단 한 번도
없는 죄수가 있다는 사실을 알게 되었다.

이상하게 여긴 교도관이 그 죄수를 불러서 물었다.

"기록을 보니 당신이 이곳에 온 후로 찾아준 사람이라고
는 아무도 없는데, 가족이나 친구도 없습니까?"

"아…!, 예, 그게…, 친구는 없고, 가족은 모두 여기 와 있
습니다."

응답해 주시지 않는 이유

어떤 소심한 환자를 돌보던 의사가 그 환자가 사 둔 복권
이 500억 원에 당첨된 사실을 알게 되었다. 의사는 이 사실
을 환자에게 어떻게 알릴까 고민하였다.

그래서 환자에게 조심스럽게 물었다.

"만일 당신이 사 두었던 복권이 500억 원에 당첨된다면,
그 돈을 어떻게 쓰시겠습니까?" 그러자 환자는 정색을 하고

대답하였다.

"절반은 내가 쓰고 나머지 반은 내 병을 돌보고 있는 당신에게 주겠소."

이 말을 들은 의사는 그 자리에서 놀라 쓰러져 죽고 말았다.

*하나님께서는 너무 많은 복으로 응답해주시지 않는 것은 우리가 놀라서 죽을까봐서일 겁니다.

상속

젊고 예쁜 20대 아가씨에게 반한 돈 많은 70대 노인이 결혼상담사에게 의논했다.

"아가씨에게 내 나이가 60이라고 한다면, 다시 말해서 내 나이에서 열 살을 속인다면 결혼이 성사될 가망성이 크지 않을까?"

상담사는 한참을 생각한 후 말했다.

"아닙니다. 80이라고 속이는 것이 승산이 클 겁니다."

소심한 집사님의 기도

시골 교회에 소심하고 수줍음은 많지만 심령은 강한 집사님이 있었다.

어느 날 새로 등록한 교인 심방을 나가게 되었다. 착실하고 믿음이 좋기로 소문나 그 집사님이 대표기도를 하게 되었다.

떨리는 가슴으로 앞으로 나가서, 마음을 가다듬고 기도하기 시작했다.

"사랑하는 주님, 감사…."

기도는 너무나도 간절했고 은혜가 넘치고 있었다. 그런데 너무 긴장해서였을까, 기도의 마지막 부분에 이르렀을 때 그 집사님은 그만 '예수님'의 이름을 잊어버리고 만 것이었다.

집사님은 얼굴이 빨개져 애를 태우고 있고, 모두들 "주여, 주여"만 하고 있을 때 마침내 집사님이 입을 열었다.

"그때 물 위를 걸으신 그분의 이름으로 기도합니다. 아멘."

지갑 도둑

남편이 지갑에서 돈이 없어진 것을 알고 아내에게 말했다.

"아들 녀석이 지갑에 손을 댄 게 틀림없어!"

"왜 아들을 의심해요? 내가 그랬을 수도 있잖아요!"

그러자 남편 말한다.

"당신은 절대 아냐! 당신은 지갑에 조금은 남겨두잖아!"

하나님과의 관계

독실한 기독교 신자인 부인이 있었다. 그녀는 남편과 아들에게 하나님을 믿으라고 했으나 두 사람은 요지부동이었다. 왜냐하면 남편은 무신론자였고, 아들은 아직 종교와 신앙이 뭔지 몰랐기 때문이었다.

어느 일요일. 부인은 남편과 아들을 억지로 설득해 교회에 데려갔고 가족들을 위해 기도했다.

"사랑하는 하나님 아버지, 어쩌구… 저쩌구…."

그러자 남편도 부인을 따라 기도하기 시작했다.

"사랑하는 장인어른, 어쩌구… 저쩌구…."

아들도 얼떨결에 아버지를 따라 기도했다.

"사랑하는 외할아버지, 어쩌구… 저쩌구…."

산부인과

두 남자가 산부인과 분만실 대기실에서 안절부절못하고 서성댔다.

한 남자가 투덜거렸다.

"이렇게 재수가 없을 수 있나. 휴가 중에 해산할 게 뭐야!"

그러자 다른 남자가 말했다.

"뭐 그 정도 갖고 그러시오. 난 지금 신혼여행 중이랍니다."

신은 없다

시골에 사는 할머니가 있었다.

할머니는 신앙이 깊었고 매일 문 밖에 나와서 큰소리로 하나님을 부르며 기도를 하곤 했다. 그럴 때마다 옆집에 사는 한 할아버지도 문 밖으로 나와서 큰 소리로 말했다.

"이봐, 할망구! 신은 없다고!"

그러던 어느 날 할머니가 먹을 것도 없을 정도로 가난에 고생을 하고 있을 때, 옆집 할아버지가 먹을 것을 잔뜩 담은 큰 보따리를 문 앞에 놓아두었다. 할머니가 문을 열고 보따리를 발견하고는 소리쳤다.

"하나님 감사합니다!! 감사합니다!!"

그러자 할아버지가 기다렸다는 듯 나와서 소리쳤다.

"이것 보라고, 그건 내가 사다 놓은 거야! 신은 없다니까?"

그러자 할머니가 말했다.

"하나님, 제게 음식만 주신 것이 아니라 악마로 하여금 돈을 지불하게 하셨군요."

소원을 들어주소서!

앵무새 두 마리가 있었다.

한 마리는 권사님 댁에서 살고 있었고, 다른 한 마리는 같은 교회 목사님 댁에서 살고 있었다. 그런데 각각 말하는 소리가 달랐다.

권사님 댁에서 살고 있는 앵무새는 "아이고 죽겠네, 아이고 죽겠네."하며 말을 하고, 목사님 댁에서 살고 있는 앵무새는 "주여! 저들의 소원을 들어주소서! 저들의 소원을 들어주소서!."라고 말을 했다.

그 이유를 알고 보니 권사님은 허리가 아파서 일어설 때마다 "아이고 죽겠네! 아이고 죽겠네!" 했기 때문에 그 앵무새도 같이 "아이고 죽겠네! 죽겠네!" 했던 것이다.

목사님은 성도들을 위해 기도할 때마다 "주여! 저들의 소원을 들어 주소서. 저들의 소원을 들어 주소서."했기 때문에 그 앵무새도 그대로 따라했던 것이다.

그래서 권사님은 자기 집에 있는 앵무새의 버릇을 바로 잡아야겠다고 생각하고 그 앵무새를 목사님의 앵무새가 있는 곳에 함께 넣어 두기로 했다.

그런데 어느 날 권사님 댁의 앵무새가 죽어 버리고 말

았다.

왜 죽었을까?

그 이유를 알아보니 앵무새들의 말에 문제가 있었던 것이다.

"죽겠네. 죽겠네."할 때마다 "저들의 소원을 들어주소서! 저들의 소원을 들어주소서!" 했기 때문이었다.

둘 다 소원대로 된 것이다.

우리가 일단 어딘가에 집착해 그것이 전부인 것처럼 안주하면 그 웅덩이에 갇히고 만다. 그러면 마치 고여 있는 물처럼 썩기 마련이다.

경품

편도 2차선 도로에서 에쿠스와 모닝이 신호에 걸려 나란히 정지선에 서게 됐다.

에쿠스 주인이 장난기가 발동하여 모닝 운전자에게 한마디 던졌다.

에쿠스 주인: "차가 장난감 같네. 그 차 얼마 줬어요?"

모닝 주인은 모른 체하고 눈길도 주지 않았다.

그런데 다음 신호에서 두 차는 또 나란히 신호대기에 걸리게 됐다.

에쿠스 주인: "이보쇼! 그 차 얼마 줬냐니까?"

이번에도 모닝 주인은 아무런 대꾸도 없이 신호를 기다릴 뿐이었다.

만만하다고 생각한 에쿠스 주인은 더 큰소리로 외쳤다.

에쿠스 주인: "어허, 이 사람아 그 차 얼마 줬냐니까?"

마침내 귀찮은 듯 모닝 주인이 대꾸를 했다.

"리무진 사니까 경품으로 주더라! 왜?"

폐회기도

예배 후 폐회기도 때 기도를 길게 하기로 이름난 장로님에게 기도를 부탁했다.

장로님은 창세기부터 요한계시록까지 계속 읊어대는 것이다.

1시간 정도 기도를 끝내고 눈을 떠 보니 목사님만 남고 아무도 없었다.

"목사님 어찌된 일입니까?"

"아, 예! 노아 홍수 때 다 떠내려갔습니다."

집에 들어오는 이유

술을 매일 마시며 새벽 3시가 넘어서야 들어오는 남편을 보다 못한 아내가 바가지를 긁었다.

"당신 너무하는 거 아녜요? 매일 어떻게 3시가 넘어서야 들어오는 거예요?"

남편이 귀찮다는 듯 말했다.

"이 시간에 문 여는 데가 이 집밖에 없잖아!"

지옥과 천국

목사님이 한 노인의 임종을 앞두고 기도를 해 주기 위해 심방을 하였다.

목사님께서 노인에게 진지하게 권면하였다.

"마음속에 예수님을 영접하시고 사탄을 물리치세요. 그래야만 지옥에 가지 않고 천국에 갈 수 있습니다."

그러나 노인은 아무 말도 하지 않았다.

"어서 예수님을 영접하시고 사탄을 물리치십시오."

노인은 계속 입을 꾹 다물고 있었다.

"왜 대답을 하지 않으시는 거죠?"

그러자 노인이 대답했다.

"내가 어느 쪽으로 갈지도 모르는 상황에서 누굴 화나게 하긴 싫습니다."

별거 아니다

어느 고승이 동자승을 데리고 산길을 간다. 고승이 먼 산을 바라보더니 "심조불산에 호보연자로다" 라고 했다.

동자승은 고승의 깊은 주문을 헤아릴 길이 없었다.

동자승은 고승에게 "어느 분의 말씀입니까"라고 물었다.

고승이 한참 머뭇거리다가 한 마디 더 하고 가던 길을 계속 간다.

"별거 아니다. 네가 힘들어 보이기에 한 말이다."

동자승이 다시 뜻을 묻자 고승은 동자승에게 먼 산을 가리켰다.

'산불조심 자연보호 포천군수'

큰 대(大)

무더운 여름날 맹구가 서당에 갔다가 땀을 뻘뻘 흘리며 집에 들어서자 형이 거실에 완전히 뻗어 누워 있었다.

맹구: 큰 대(大)자로 뻗어 있네!

형: 아니다. 나무 목(木)자다.

심부름

바보 아들을 둔 엄마가 있었다.

어느 날 엄마가 아들에게 약방에 가서 고약을 사오라고 심부름을 시켰다.

"고약, 고약, 고약…."

약 이름을 잊어버리지 않기 위해 계속 외우고 가는데 돌부리에 넘어지는 바람에 잊어버렸다.

"어! 뭐였더라?"

바보는 집에 다시 돌아왔다.

"엄마 무슨 약이라고 그랬죠?"

"고약!"

가다가 또 넘어지는 바람에 또 잊어버렸다.

"뭐였더라?"

또 집에 돌아와 물었다. 엄마도 이번에는 신경질을 내면서 말했다.

"고약이라고 그랬잖아!"

"고약, 고약, 고약…."

가다가 또 넘어졌다.

"뭐였더라? 이제 또 가 물으면 혼날 테고, 에라 모르겠다."

그래서 그냥 약국에 갔다.

바보: "약 주세요."

약사: "무슨 약?"

바보: "그냥 약요."

약사: "그러니까 무슨 약."

바보: "그냥 약 달라니까요."

화가 난 약사: "어른을 놀리냐? 이 고약한 놈아!"

바보: "맞아요! 고약 주세요."

버리고 떠난다는 것은 곧 자기답게 사는 것이다. 낡은 울타리로부터, 낡은 생각으로부터 벗어나야 새롭게 시작할 수 있다.

알렉산더 대왕

정신병원에서 벌어진 일.

간호사가 주사를 놓기 위해 정신병자 한 사람의 이름을 불렀다. 그런데 아무리 불러도 대답이 없어 병실 안으로 들어가 보니 그 환자는 다른 환자들과 함께 있으면서 대답을 하지 않는 것이었다.

"왜 이름을 불렀는데도 대답을 하지 않죠?"

"이제부터 날 부를 때는 알렉산더 대왕이라고 불러요."

"아니, 도대체 누가 그렇게 이름을 바꾸어 부르라고 했나요?"

"간밤에 하나님이 나를 알렉산더 대왕이라고 불렀죠."

그런데 그 대답이 채 끝나기도 전에 옆에 누워 있던 다른 정신병자가 벌떡 일어나며 소리쳤다.

"내가 언제 널 보고 알렉산더라고 불렀냐?"

귀신에게 사로잡힌 청년

동네 청년들이 모여서 누가 더 담력이 세고 용감한가를 시험하기 위한 내기가 벌어졌다.

캄캄한 밤중에 공동묘지에 가서 가장 최근에 생긴 무덤 앞에다가 말뚝을 박고 돌아오는 것이었다.

많은 청년들이 의기야양하게 내기에 참가했지만 중간에 포기하고 돌아오는 청년이 있는가 하면, 어떤 청년은 공동묘지 입구에까지 갔다가 이상한 소리를 듣고 놀라서 돌아온 청년도 있었고, 어떤 청년은 공동묘지에 가서 말뚝을 박으려는 순간 이상한 그림자를 보고 놀라서 돌아오기도 했다.

그러던 중 그 동네에서 가장 덩치가 크고 힘이 센 청년이 나섰다. 드디어 그 청년의 차례가 되어 자신만만하게 묘지를 향해 가더니 돌아오지를 않는 것이었다. 새벽이 되어갈 무렵까지도 돌아오지 않자 동네 청년들이 기다리다 못해 그 청년을 찾으러 묘지를 향해 가보았다.

그런데 이 청년이 묘지 앞에서 정신을 잃고 중얼거리고 있었다.

"놔라, 놔라!!!"

자세히 보니 말뚝을 박을 때 자기 옷자락이 말뚝에 조금

걸려 있었던 것이다.

　*청년은 급하게 말뚝을 박고 일어서는 순간 자기 옷이 말뚝에 걸린 것은 생각지 못하고 귀신이 자기를 붙잡고 놓아 주지 않는 것으로 착각하고 정신을 잃었던 것이다.

초보운전

고속도로에서 교통경찰이 시속 30킬로로 달리는 차를 잡아 세웠다. 차 안에는 목사님이 운전을 하고 있었고, 교통경찰이 정중한 태도로 말했다.

"수고하십니다. 목사님이시군요. 그런데 이렇게 천천히 달리시면 안 됩니다."

"네? 전 그저 표지판에 30이라고 적혀 있길래 제한속도인 줄 알고요."

"아닙니다. 그건 고속도로 번호입니다."

"아, 그래요? 죄송합니다. 초보운전이라서….''

그런데 교통경찰이 뒷좌석을 보자 공포에 질린 또 다른 목사님 둘이 의자를 꽉 붙잡고 눈을 감고 있는 것이었다. 교통경찰이 뒷좌석에 대고 물었다.

"뒷좌석의 목사님, 무슨 일이 있으십니까?"

그러자 그 목사님이 다 들어가는 목소리로 말했다.

"아까 고속도로에 진입하기 전에 180번 도로를 지나왔거든요."

밑 빠진 장독

장독을 파는 장사꾼이 있었다.

그는 장독에 먼지가 들어가지 않도록 장독을 모두 엎어놓았다. 그것을 보고 마음이 삐뚤어진 어떤 사람이 지나가면서 말했다.

"무슨 놈의 장독이 아가리가 다 막혀 있는고!"하고 빈정거렸다.

장독 장사는 아무 대꾸도 하지 않고 장독을 바로 세워서 아가리가 보이도록 했다.

그랬더니 그 사람이 다시 빈정거렸다.

"거기다가 밑까지 빠졌어!!!"

*마음이 삐뚤어지면 보는 눈까지 삐뚤어지게 된다.

의사의 처방

독실한 신자였던 이비인후과 의사에게 많은 목사님들이 찾아왔다. 그날도 두 분의 목사님이 연이어 병원을 찾아서 진료를 받았다. 두 분 모두 성대를 과다하게 사용하여서 성대에 무리가 와서 치료받으러 온 것이었다.

첫 번째 목사님에게 의사가 말했다.

"목사님, 성대에 무리를 주지 않도록 설교를 하실 때 목소리를 낮추고 말씀하시고, 찬송가는 가급적 부르지 마시기 바랍니다."

다음 목사님에게 의사가 말했다.

"목사님 성대에 무리를 주지 않도록 설교 시간을 대폭 줄이시기 바랍니다. 그리고 찬송가도 짧은 것으로 부르시는 것이 좋겠습니다."

진료가 끝난 후 옆에서 이를 지켜본 간호사가 의사에게 물었다.

"아니 제가 볼 때 두 분의 증세가 비슷한 것 같은데, 처방은 다르시네요."

의사가 웃으며 대답했다.

"두 번째 목사님은 우리 교회 목사님이거든."

조는 이유

설교를 시작하면 조는 집사님이 있었다.

어느 날 목사님이 집사님을 불러 조는 이유를 물어 보았다.

목사: 집사님은 왜 매번 설교 시간에 주무십니까?

집사: 목사님 설교가 시작되면 안심이 되기 때문입니다.

목사: 무슨 안심이 된다는 말씀입니까?

집사: 설교가 교리적으로 맞고, 내용도 맞고, 이단의 주장도 가르치지 않으시며, 좋은 말씀만 하시기 때문에 제가 신경 쓸 일이 없습니다. 그래서 제가 안심이 되기 때문에 잠이 드는 것입니다.

아무리 가난해도 마음이 있는 한 다 나눌 것은 있다. 근원적인 마음을 나눌 때 물질적인 것은 자연히 그림자처럼 따라온다.

보험

한 가족이 바닷가에 있는 리조트에 놀러왔다.

꼬마가 엄마에게 물었다.

꼬마: "엄마. 나도 바다에서 수영할래요?"

엄마: "물이 너무 깊어서 안 돼!"

꼬마는 엄마를 다시 졸랐다.

꼬마: "하지만 아빠는 수영하고 있잖아!"

그러자 엄마가 이렇게 대답했다.

엄마: "너는 안 돼! 아빠는 보험을 들었거든."

순발력

어느 목사님이 설교 중 큰 실수를 하고 있었다.

"니고데모는 신분이 세리장이었고 키가 작았습니다. 그런데 그는 예수님을 몹시 보고 싶어했습니다."

설교를 듣고 있던 성도들이 수군거리기 시작했다. 목사님은 설교가 은혜가 깊어 그런 줄 알고 더 큰 소리로 설교를 했다.

"그때 예수님이 니고데모가 사는 동네로 오셨습니다. 니고데모는 예수님이 보고 싶어 앞으로 나갔으나 키가 작아 사람들 틈에 끼어 볼 수가 없어 뽕나무 위로 올라갔습니다."

이쯤 되자 성도들이 '와…' 하고 웃어버렸다. 그때서야 목사님은 실수한 것을 깨달았다. 목사님은 순간 재치를 발휘했다.

"그때 삭개오가 나타나 이렇게 외쳤습니다. 야!, 그 자리는 내 자리야, 빨리 내려와."

장례식과 결혼식

결혼식 주례 서랴, 병원에 환자 심방 가랴, 장례식 인도하랴 정신없이 바쁘게 지내는 어떤 목사님이 있었다.

그날도 장례식 인도를 마치고 결혼식 주례를 하러 결혼식장에 갔는데 너무 피곤하여서 자리에 앉아서 잠깐 졸았다.

잠시 후 결혼식이 시작되어 정신을 차린 목사님이 일어나 주례석에 섰다. 그리고 결혼식을 시작하는 선포를 했다.

"에, 지금부터 고 * * * 군과 고 * * * 양의 결혼식을 시작하겠습니다."

주정뱅이 남편

주정뱅이 남편이 새벽 5시쯤 집에 들어왔다.

아내는 남편이 다른 여자와 바람을 피운 뒤 들어왔다고 생각했기 때문에 화가 머리끝까지 올라서 바른대로 말하라고 닦달을 했다.

남편은 절대로 바람을 피우지 않았다며 증거를 댔다.

"아니오, 여보 절대 아니라니까. 난 지금까지 술집에 있다가 온 거야. 고급 술집이라 소변기까지도 금으로 된 술집이야. 의심나면 확인해 보면 될 거 아냐. 거기서 술만 마셨어."

아내는 믿을 수가 없어서 남편이 말한 술집에다 전화를 해 주인과 통화를 했다.

"제 남편이 밤새 그 술집에서 술을 마셨다고 주장하는데, 한 가지 물어볼 게 있어요. 화장실에 있는 소변기도 금으로 된 집 맞나요?"

잠시 뒤 아내는 전화기에서 주인이 옆 사람에게 하는 소리를 들었다.

"밴드마스터, 이제 범인이 누구인지를 알겠어. 자네 색소폰에 오줌 눈 놈 말이야."

총알택시 운전사

신자이기는 하나 매우 방탕하게 살았던 총알택시 운전사
와 목사님이 천국에 가게 되었다.

목사님은 자신이 총알택시 운전사보다 훨씬 많은 칭찬을
들을 것으로 기대했으나, 하나님은 총알택시 운전사를 더
칭찬하셨다. 기가 막힌 목사님이 그 이유를 물어보자 하나
님은 이렇게 말씀하셨다.

"너는 늘 사람들을 졸게 했지만 이 사람은 늘 기도하게 했
느니라!"

계란 판 돈

어떤 목사님이 결혼했다.

신혼살림 짐을 정리하다가 사모님의 가방에서 조그만 통
을 발견했다. 궁금해서 부인에게 물었다.

"이게 뭐요?"

그러자 사모님이 말했다.

"다른 것은 몰라도 이것만은 절대 열어보시면 안 돼요, 알

았죠.”

목사님은 궁금했지만 워낙 완강하게 말리는 바람에 알았다고 약속했다.

그런 후 잊어버리고 세월이 10년이 흘렀다. 10년간 목회하면서 어느 날 이사를 하게 되어 짐을 정리하다가, 10년 전의 그 통을 다시 발견하였다. 목사님은 속으로 ‘이제는 10년이나 지났는데 설마 괜찮겠지!’ 하며 살짝 통을 열어봤다. 그런데 그 안에는 현금 100만원과 계란 한 개가 들어있는 게 아닌가? 너무 궁금해서 부인에게 사실을 말하고 물었다.

“도대체 이게 뭐요?”

부인은 절대 열어보지 말랬는데 열어보았다고 원망하면서 하는 수 없이 이야기를 했다.

“좋아요, 이제는 말씀드리죠, 당신이 저와 결혼한 후에 교회에서 설교할 때, 제가 졸음이 오면 그때마다 계란을 하나씩 사 모았어요.”

그러자 목사님은 매우 기분이 좋았다.

“그래? 10년 동안 내가 한 번밖에는 졸음 오는 설교를 하지 않았군요? 그런데 그 돈은 뭐요?”

그러자 부인이 머뭇거리며 대답했다.

“계란 판 돈요!”

경상도 사투리

*경상도에서 살던 초등학교 1학년이 서울로 전학을 갔다.

첫날 복도에서 뛰면서 놀고 있었다.

이걸 본 서울 아이가 말했다.

서울 아이: "얘… 너 그렇게 복도에서 뛰어다니면 선생님한테 혼난다."

경상도 아이: "맞나?"(정말로 그래?)

서울 아이: "아니, 맞지는 않아."

*경상도 사람 둘이 서울에 상경해 처음으로 전철을 탔다.

경상도 특유의 거친 말투와 큰 소리로 떠들어 무슨 소리인지도 알아들을 수가 없을 정도였다.

참다못한 한 서울 사람이 경상도 사람에게 다가가 신경질적으로 말했다.

"좀 조용해 주세요!"

그러자 두 눈알을 부릅뜨며 경상도 사람이 소리쳤다.

"이기 다 니끼가?"

서울 사람이 자기 자리로 돌아와 옆 사람에게 말했다.

"일본사람이라 무슨 말인지 못 알아듣네요!"

주님의 창조물

목사님이 신도들을 앉혀 놓고 주님의 놀라운 능력에 대해서 설교를 하고 있었다.

"주님께서 창조하신 것은 무엇이든 완벽합니다!"

그런데 갑자기 맨 뒤에 앉아 있던 아주 못 생긴 여자가 벌떡 일어나더니 목사님을 향해 소리쳤다.

"목사님, 전 그 말에 동의할 수 없습니다!"

아가씨의 말에 목사님은 놀라서 물었다.

"아니, 그게 무슨 소리죠?"

그러자 그 아가씨가 말했다.

"절 좀 보세요? 제가 완벽한가요?"

아가씨의 말에 목사님은 잠깐 눈을 감더니 말했다.

"신도여! 난 지금까지 당신처럼 완벽한 추녀는 처음 봅니다!"

아빠 자랑

세 아이들이 학교에서 자신의 아빠 자랑을 하고 있었다.

첫 번째 아이가 말했다.

"우리 아빠는 글 몇 줄 쓰고 10만원 받는다. 그것이 '시' 래."

두 번째 아이가 말했다.

"우리 아빠는 글 몇 줄 쓰고 20만원 받는다. 그것이 '노래 가사' 래."

그러자 세 번째 아이가 빙긋 웃으며 말했다.

"우리 아빠는 글 몇 줄 읽고 몇 백 명한테 돈 받는다. 그게 '설교' 래."

위에 견주면 모자라고 아래에 견주면 남는다는 말이 있듯 행복을 찾는 오묘한 방법은 내 안에 있는 것이다.

하나님과 통화

목사님이 예배 때마다 휴대폰 소리 때문에 항상 불만이었다.

그러던 어느 날 설교를 열심히 하고 있는데, 또 '삐리릭 삐리릭…' 하고 휴대폰 소리가 울리는 것이었다.

그런데 한참을 울리는데 아무도 받지도 끄지도 않는 것이었다.

신자들은 웅성거리기 시작했다. 목사님도 열이 오르기 시작했다.

그러나 그 휴대폰은 바로 목사님 주머니에서 울리고 있다는 걸 깨닫고 태연스럽게 휴대폰을 받았다.

"아! 하나님이세요? 제가 지금 예배중이거든요. 예배 끝나는 대로 바로 하늘로 전화 드리겠습니다."

시계

목사님이 설교를 시작하면 신도들이 졸거나 딴청을 부리는 교회가 있었다.

그런데 어느 날 갑자기 목사님의 설교가 엄청 길었는데도 신도들은 시선을 돌리지 않고 목사님을 뚫어지게 바라보고 있었다.

목사님은 너무나 감격하여 예배를 마친 후 사모님에게 말했다.

"오늘 설교는 괜찮았나 봐! 교인들이 모두 나를 뚫어지게 보더군."

그러자 한참을 머뭇거리던 사모님이 말했다.

"누가 강대상 뒤에 시계를 걸어놨어요."

하나가 필요할 때는 하나만 가져야지 둘을 갖게 되면 처음의 그 하나마저도 잃게 된다.

인기 없는 목사님

어떤 동네 교회에 설교를 잘 못해 인기가 없는 목사가 있었다.

그런데 어느 주일날 목사는 광고 시간에 신도들에게 알렸다.

"주 예수께서 제가 다른 교회에 가서 할 일이 있다고 말씀하셔서 가게 되었습니다."

이 소리가 떨어지자 신도들은 일제히 일어나서 합창했다.

"주 예수 이름 높이어 모두 찬양하리라."

땀 흘리는 물고기

땀을 뻘뻘 흘리며 집에 돌아온 맹구에게 동생이 물었다.

"형! 물고기도 땀 흘려?"

더위에 지친 맹구는 대꾸도 않고 방으로 들어왔다.

동생이 방에까지 따라 들어와 다시 한 번 물었다.

"형, 말 좀 해봐! 물고기도 땀을 흘리냐구?"

그러자 맹구가 홱 돌아서며 귀찮다는 듯 말했다.

"당연하지 이 바보야! 그렇지 않으면 바닷물이 왜 짜겠니?"

죄책감

베드로가 사역을 하다가 몸과 마음이 너무 힘들어져서 몸 져누웠다.

한의사가 와서 진맥을 하더니 말했다.

"삼계탕을 먹으면 낫습니다."

베드로는 의사 말대로 삼계탕을 먹었더니 거뜬하게 나았다.

사람들이 놀라서 그 용한 한의사에게 이유를 물었다.

"베드로가 주님을 부인한 죄책감이 치유되지 않아서 닭이 울 때마다 몸과 마음에 엄청 스트레스를 받았더군요. 그래서 그놈의 닭을 잡아먹으면 몸과 마음이 회복될 것 같았지요."

네 이웃을 네 몸같이 사랑하여라. 〈마태 19:19〉

신기한 발견

꼬마가 성경을 열심히 읽고 있었다. 성경의 중간쯤에서 바싹 말려진 나뭇잎 한 개를 발견했다. 꼬마는 나뭇잎을 들고 엄마에게 달려갔다.

"엄마, 내가 신기한 것을 찾았어."

엄마가 물었다.

"뭔데?"

꼬마는 흥분한 모습으로 나뭇잎을 엄마에게 보여주며 대답했다.

"아담이 입었던 옷이야."

행복의 비결은 필요한 것을 얼마나 갖고 있는가가 아니라 불필요한 것에서 얼마나 자유로워져 있는가 하는 것이다.

아직도 안 읽었다고요?

평소에 좀 잘난 체 하는 집사가 목사님께 물었다.

"목사님, 요즘 베스트셀러인 신경숙의 〈엄마를 부탁해〉 읽어보셨어요?"

"아직 못 읽어봤는데요."

"아직도 못 보셨어요? 그거 나온 지 2년도 넘었는데요. 그 책 안 읽은 사람 없어요."

그러자 목사님이 다시 물었다.

"혹시 욥기서 읽어보았습니까?"

"아뇨, 아직 못 읽어봤어요. 무슨 책인데요?"

"그래요? 아직도 못 읽어 봤다구요? 그거 나온 지 2,500년이 훨씬 지났는데요! 집사님이 들고 계신 그 성경책 안에 있습니다."

결혼 축전

두 남녀가 서로 좋아해 4년 동안 연애를 하였다.

그러나 여자가 마음이 변해 다른 남자에게 시집을 가게 되었다. 그래도 남자는 착한 사람이라서 사랑했던 여자가 결혼해서 행복하게 잘 살기를 바랐다. 그래서 결혼식 날 식장에는 가지 않고 우체국에 가서 축전을 쳐 보내기로 했다. 마음은 심란했지만 다음과 같이 써서 우체국 직원에게 내밀고 나왔다.

〈결혼을 진심으로 축하한다. 여기 성경구절 요한1서 4장 18절을 선물로 보내니 부디 행복하게 살기를 바란다.〉

그런데 우체국 직원이 실수로 '요한1서'에서 '1서'를 빠트리고 보냈다.

마침내 결혼식장에 도착한 축전을 사회자가 친절하게도 축전에 나오는 성경구절을 찾아 읽어 주었다.

"결혼을 진심으로 축하한다. 요한복음 4장 18절. 너에게는 남편이 다섯 명이나 있었으나, 사실 지금 너와 함께 살고 있는 남자도 네 남편이 아니고 보면 너는 바른 말을 한 것이다."

결혼식에 참석한 사람들이 난리가 난 것은 당연지사다.

*요한1서 4장 18절: '사랑에는 두려움이 없습니다. 완전한 사랑은 오히려 두려움을 내쫓습니다. 두려움은 벌 받을 일을 생각할 때 생기는 것입니다. 그러므로 두려워하는 사람은 아직 사랑을 완성하지 못한 증거입니다.'

호텔 방

도시 구경을 한 번도 못한 산골에 살던 여자가 호텔에 하룻밤 묵을 일이 있었다.

호텔에 들어갔는데 안은 생각했던 것보다 훨씬 더 화려했다.

미리 예약을 했던 여자는 호텔 직원으로부터 방 안내를 받았다.

직원이 "자 여기로 들어오세요."라고 말했는데, 여자는 갑자기 화가 났다. 그리고 이렇게 말했다.

"아니, 무슨 호텔 방이 이렇게 좁아요? 침대도 없고."

그러자 직원이 조용히 말했다.

"저…, 손님 여기는 엘리베이터인데요…."

딴 남자가 없어서!

에덴동산에서 아담이 하와에게 물었다.
"나를 사랑하오?"
하와가 입을 비쭉거리며 말했다.
"누구 딴 남자가 있어야 말이지."

쌀 사러 나온 아줌마

아침 출근길 올림픽 대로에서 가벼운 접촉사고로 싸움이
벌어졌다.

아줌마와 아저씨가 차에서 내려 씩씩거리며 잘잘못을 서
로에게 미루고 있었다.

아저씨: "아이! 정말…. 여편네가 운전도 못하면서 집에서
밥이나 하지 뭣 하러 차는 끌고 나왔어?"

아줌마: "야! 쌀 떨어져서 쌀 사러 나왔다!"

교회와 절

교회 앞에 두 거지가 나란히 앉아서 동냥을 하고 있었다. 그런데 한 거지는 손에 목탁을 들고 있었고, 다른 한 명은 성경책을 들고 있었다.

예배를 마치고 나오던 교인들은 모두 성경책을 든 거지에게 돈을 주었고, 옆의 목탁을 든 거지에게는 단 한 푼도 주지 않고 노려보면서 지나갔다.

잠시 후 성경을 들고 있던 거지의 깡통은 돈으로 가득 찼지만 목탁을 든 거지는 한 푼도 얻지 못했다.

잠시 후 그 교회 목사님이 나와서 보더니 손에 목탁을 든 거지에게 안타까운 마음으로 충고를 해 주었다.

"이봐요, 여기는 교회 앞이요, 당신이 목탁을 들고 있으면 하루 종일 있어도, 아무도 안 도와줄 거요."하면서 지나갔다.

그러자 목탁을 든 거지가 옆의 거지에게 말했다.

"이봐, 저 목사님이 지금 나왔으니 이제 다 나왔나봐, 자리를 옮겨 저 쪽 절 앞으로 가자구?"

수고하셨군요

맹순이가 친구들과 같이 영화를 보러 갔는데 영화를 보던 중 배가 살살 아파왔다.

그래서 화장실에 가서 볼일을 봤다. 볼일을 다 보고 돌아와서 옆에다가 팔을 쫙 벌리면서 말했다.

"야, 나 이만한 O뭉덩이 쌌다!"

그런데 옆에 앉은 사람은 친구들이 아니라 모르는 사람이었다.

아…! 쪽 팔리는 그 사람이 하는 말.

"수고하셨군요."

풍요 속에서는 사람이 타락하기 쉽다. 그러나 맑은 가난은 우리에게 마음의 평안을 가져다 주고 올바른 정신을 지니게 한다.

고장 신고

풋내기 변호사가 사무실을 열었다.

손님이 오기를 목이 빠지게 기다리고 있는데 누군가 문을 열고 들어오고 있다.

'옳지. 이제야 손님이 오는구나. 첫 손님이니 내가 꼭 사건을 맡아야지.'

이렇게 생각한 변호사는 어떻게든 손님에게 신뢰감을 주기 위해 걸려오지도 않은 전화 수화기를 집어 들었다. 그리고는 계속 무어라고 이야기를 하기 시작했다. 자기가 얼마나 큰 일감을 맡고 있는지 손님에게 보여주기 위해서였다.

손님이 안으로 들어오자 자리에 앉으라고 손짓을 하고는 온갖 몸짓을 다 해가며 더 큰소리로 지껄여댔다.

잠시 후 수화기를 내려놓으면서 변호사는 손님을 향해 넌지시 물었다.

"무슨 사건으로 오셨습니까?"

그러자 손님은 이상하다는 투로 이렇게 말했다.

"예, 고장 신고 받고 전화국에서 나왔습니다. 전화 고장 신고하지 않았습니까?"

모범 남성

한 여성단체에서 '모범 남성'을 선정하기로 했다. 수만 통의 추천서가 접수됐는데 그 중 정말 눈에 확 들어오는 편지 한 장이 있었다. 그것은 자신이 스스로를 추천한 것이었는데 편지의 내용은 다음과 같았다.

〈저는 술이나 담배를 전혀 하지 않으며 섹스도 안 합니다. 여성을 구타하는 법이 없으며 매일 규칙적인 생활을 몸에 익혀 영화나 비디오로 시간을 축내는 법이 없으며, 일요일에는 하루도 빠짐없이 예배를 봅니다. 이런 생활을 벌써 7년째 계속해오고 있습니다.〉

편지의 내용이 사실이라면 그 남자야말로 가장 유력한 모범 남성 후보자라고 결론을 내렸다. 여성단체는 확인을 위해 쓰여진 연락처로 전화를 걸었다.

전화에서 이런 소리가 들려왔다.

"네, 안양교도소입니다."

1회 사용료

얼치기 시골뜨기가 신혼여행을 가서 고급호텔에서 첫날 밤을 화끈하게 보냈다.

다음 날 신랑이 체크아웃을 하며 물었다.

"하룻밤 요금이 얼마입니까?"

"더블베드 객실 사용료는 1회 20만원입니다."

신랑은 그만 입이 딱 벌어져 한참 동안 서 있다가 제 정신이 든 듯 지갑을 열며 투덜거렸다.

'젠장맞을! 정말 너무 비싸다.'

그러고는 카운터 위에 40만원을 올려놓고 눈치를 봤다.

그리고 호텔을 나오면서 씩 웃으며 중얼거렸다.

'열 번 했으니까 160만원 벌었다!!!'

돈으로 집을 살 수는 있지만 가정은 살 수 없다.
돈으로 시계를 살 수는 있지만 시간은 살 수 없다.

시골길에서

맹구가 경치 좋은 시골길을 드라이브 하다가 너무나 피곤하여 낮잠을 좀 자려고 길가에 차를 세웠다. 좌석을 뒤로 젖히고 막 눈을 붙이려는 찰나, 자전거를 타고 가던 아저씨가 갑자기 차창을 마구 두드리며 물었다.

"지금 몇 시쯤 됐소??"

졸린 눈을 비비며 시계를 보고는 2시라고 알려주었다.

잠시 후, 얼핏 잠이 들려고 하는데 또 한 사람이 창을 두드렸다.

"실례지만 지금 몇 신가요??"

화가 났지만 할 수 없이 시계를 보고는 2시 5분이라고 말하고 가르쳐 주었다.

그러자 도저히 잠을 잘 수 없겠다고 생각한 끝에 머리를 써서 쪽지를 창에 붙여 놓았다.

〈나는 시계 없음!!!!!〉

그러나 잠시 후, 막 잠이 들려고 하는데 누군가가 창을 또 두드리는 것이었다.

그리고 그는 친절한 표정을 지으며 말했다.

"지금 2시 10분이에요!"

첫 번째 남자

첫 번째 남자는 너무 아프게 했고,

두 번째 남자는 날 반 죽여놓다시피 했고,

세 번째 남자는 ' 이렇게 해라 저렇게 해라 ' 주문이 많았고,

네 번째 남자는 생전 처음 보는 기구까지 사용했고,

다섯 번째 남자는 무조건 벌리기만을 강요했고,

여섯 번째 남자는 벌려진 그곳을 이리저리 구경했고,

그리고, 지금 이 남자는 매우 섬세하고 자상하다.

제발 이 남자가 마지막이길 바랄뿐이다.

*치과에서…

건망증 아내

집을 떠나서 고속도로를 한참 달리고 있는데 아내가 소리
쳤다.

"어머! 전기다리미 안 끄고 온 것 같아요."

허겁지겁 되돌아 가 봤지만 전기다리미는 꺼져 있었다.

이러기를 여러 번….

그 날도 집을 떠나서 고속도로를 한참 달릴 때 소리 지르
는 아내.

"어머! 전기다리미 안 끄고 온 것 같아요."

그러자 남편이 씩 웃으며 차를 도로변에 세우고 트렁크를
열었다.

"내 그럴 줄 알고 전기다리미 가지고 왔지!"

자식 자랑

노인정에서 지기 싫어하는 할머니 넷이서 자식자랑으로 수다를 떨고 있었다.

첫 번째 할머니.

"우리 아들은 교회 목사라우…. 남들은 우리 아들보고 '오, 고귀한 분!' 이라고 하지."

이어서 두 번째 할머니.

"그래요? 우리 아들은 추기경인데, 남들은 우리 아들더러 '오, 거룩한 분!' 이라고 한다우."

그리고 세 번째 할머니.

"흥! 우리 아들은 교황인데…."하며 이제 더 이상 더 높은 사람은 없다고 생각하며 속으로 쾌재를 부르고 있었다.

그러자 네 번째 할머니가 당당하게 나서며 말한다.

"그런데 어쩌지! 우리 아들은 땅꼬마 뚱뗑이에 칠뜨기처럼 생겼으니…. 그래도 남들은 우리 아들을 보면 모두들 '오, 마이 갓(GOD)!' 이라고 하지."

천벌

골프 재미에 푹 빠진 목사가 있었다.

구름 한 점 없이 화창하고 맑은 일요일이었다. 목사는 갈등하다 결국 교회에 몸이 아파 못 간다는 전화를 하고 골프장으로 향했다. 이를 본 천사가 하나님에게 말했다.

"저 목사, 혼 좀 내줘야 하지 않을까요."

하나님은 고개를 끄덕였다.

목사는 1번 홀에서 힘차게 스윙했다. 볼은 무려 350야드를 날아가 그린 위에 떨어진 뒤 홀컵으로 들어갔다. 홀인원 알바트로스가 된 것이다.

목사는 흥분했다.

천사도 충격을 받았다.

"하나님! 이것은 뭔가 잘못된 것 같네요. 벌을 주셔야 하는 것 아닌가요?"

하나님이 미소를 지으며 천사에게 말했다.

"주변을 둘러봐라! 아무도 본 사람이 없지 않느냐!!!"

낚시터 물고기

한 남자가 150킬로로 차를 몰다가 교통 경찰관에게 걸렸다.

그 남자는 자기보다 더 속도를 내며 지나가는 다른 차들을 보며 자기만 적발된 것이 너무 억울하게 생각됐다. 화가 나서 경찰관에게 대들었다.

"아니, 다른 차들도 다 속도위반인데 왜 나만 잡는 거요?"

경찰관이 물었다.

"당신 낚시 해 봤수?"

"낚시요? 물론 해 봤죠."

그러자 태연한 얼굴로 경찰관이 하는 말,

"그럼 당신은 낚시터에 있는 물고기를 몽땅 잡을 수 있어요?"

기분 나쁜 칭찬

"당신은 살아 있는 부처님입니다."
*선행을 베푸시는 목사님에게.

"할머니, 꼭 백 살까지 사셔야 돼요!"
*올해 연세가 99세인 할머니께.

"참석해 주셔서 자리가 빛났습니다."
*머리가 반짝이는 대머리 아저씨에게.

"어머나, 머릿결이 왜 이렇게 곱지? 마치 만든 머리 같
아요."
*가발을 쓴 대머리에게.

"남편과 오래오래 행복하게 사시길 빕니다."
*매일 매 맞고 사는 부인에게.

"댁의 아들이 가업을 잇겠다는 말에 큰 감명을 받았습니다."
*도둑에게.

새인가, 벌레인가?

학생들에게 부지런함에 대한 교훈을 주기 위해서 선생님이 말했다.

"여러분, 일찍 일어나는 새가 벌레를 잡는다는 속담이 있어요. 그게 무슨 의미일까요?"

공부를 잘하는 철수가 손을 들고 대답했다.

"선생님, 그건 부지런한 사람이 성공한다는 뜻입니다."

선생님은 흐뭇해서 웃으며 말했다.

"예! 맞았어요. 여러분 지각하면 안 되겠죠?"

그러자 지각대장 맹구가 손을 들고 물었다.

"선생님, 그러면 일찍 일어나는 벌레는 새한테 잡아먹히잖아요?"

개를 조심해야 하는 이유

어떤 사람이 가게에 들어서려다 유리문에 붙여진 '개 조심!' 표지를 보았다.

가게 안에 들어가 보니 계산대 옆에서 개 한 마리가 자고 있었다. 아무리 훑어봐도 조심해야 할 것 같지 않은 순한 개였다.

그는 가게주인에게 물었다.

"저 개는 조금도 사나워 보이지 않는데 도대체 왜 저 표지를 붙여놓은 겁니까?"

그러자 주인이 말했다.

"저 표지를 붙여놓기 전에는 손님들이 계속 저 개에 걸려 넘어졌었기 때문이죠."

웃기는 사람

선생님이 열심히 칠판에 뭔가를 적고 있었다.

아이들 모두 열심히 듣고 있는데 선생님의 바지 엉덩이 부분이 터져 팬티가 보이는 것이었다.

앞에 있는 한 아이가 웃자 뒤에 있는 아이들까지 전부 웃기 시작했다.

선생님이 뒤를 돌아보시고 말하였다.

"누가 자꾸 웃기는 거야? 웃긴 놈 당장 앞으로 나와!!"

다단계와 특정종교의 공통점

1. 제품 판매나 교리 전달보다는 회원, 신도 추가 모집에 더 열성적이다.

2. 저녁이나 휴일에 더 바쁘다.

3. 일단 나와 보면 안다고 무조건 나오라고 한다.

4. 나가보면 허무맹랑한 소리만 듣는다.

5. 그룹을 만들어 관리한다.

6. 집회가 많다.

7. 신문이나 언론에서도 함부로 문제 삼지 못한다.

8. 믿음에 불리한 정보, 논리, 증거를 접해도, 그 믿음이 쉽게 흔들리지 않는다.

9. 전도자는 항상 포섭대상에게, 다 당신의 성공과 구원을 위해서라고 이야기한다.

10. 일단 포섭되면 자신도 다른 포섭대상을 찾아 헤매게 된다.

11. 남자보다는 여자가 더 많은 경향이 있다.

12. 국내에서의 활동이 포화상태에 이르면 해외로 진출하면 된다고 한다.

13. 지금 해외에서는 쇠퇴 중이지만 국내에서는 한창 전성기이다.

14. 상위 지도자가 되면 고급차를 몰고 다닌다.

천국 가는 길

목사님이 다른 교회에 부흥회를 인도하러 차를 몰고 어느 낯선 도시로 갔다.

그곳에서 목사님이 지나가던 한 노인에게 길을 물었다.

"영감님, 혹시 중앙교회가 어디 있는지 아십니까? 이 근처에서 제일 큰 교회라고 들었는데요."

"바로 뒤에 놔두고도 몰라?"

"아, 그렇군요! 근데 혹시 교회에 나가십니까?"

"난, 교회 싫어해!"

"할아버지, 오늘 저녁에 시간 있으시면 제 설교 들으러 오세요. 제가 천국 가는 길을 가르쳐 드릴게요."

그러자 노인은 콧방귀를 뀌며 중얼거렸다.

"바로 뒤에 있는 교회도 모르는 놈이 천국 가는 길을 어떻게 아노?"

저는 어떡해요?

맹구 학교에서 시험 점수를 발표하는데 선생님이 화가 머리끝까지 나 있었다.

"이번 시험에서 50점 아래로 떨어진 학생은 복도에 나가서 있어!!"

선생님의 불호령에 반 아이들은 겁에 질려 아무 말도 못하고 있었다. 그리고 몇몇 아이들이 슬슬 일어서서 밖으로 나가기 시작했다.

그런데 맹구가 손을 조용히 들었다.

"선생님! 저는 딱 50점을 맞았는데 저도 나가야 되나요?"

그러자 선생님이 잠시 생각하다가 말했다.

"음, 너는 문지방에 서 있어."

피라미드의 위력

맹구가 한 달째 교회에 나오지 않는 철수가 걱정돼 목사님을 찾아가 말했다.

"목사님께서 철수의 마음을 좀 돌려주세요. 벌써 철수가 교회에 안 나온 지 한 달이 넘었습니다."

목사님이 알겠다며 철수의 집을 찾아갔다.

철수는 피라미드판매 조직에 빠져 있었다. 목사님은 몇 시간 동안 간곡하게 철수를 설득했고, 철수도 나름대로 자기의 생각을 이야기했다.

다음날 맹구가 목사님을 찾아가서 물었다.

"목사님, 어떻게 됐나요? 철수가 교회에 나온다고 했나요?"

목사님은 입을 다물고 허공만 쳐다보았다.

"목사님, 왜 아무 말도 안 하세요? 다음 주부터는 열심히 나온다고 했나요?"

마침내 목사님이 입을 열었다.

"맹구야, 너 건강식품이나 밥솥 하나 살 생각 없니?"

시주

놀부가 대청마루에 누워 낮잠을 자고 있었다. 그런데 한 스님이 찾아와 말했다.

"시주를 하시면 복 받고 극락 가십니다. 나무관세움보살…."

그러자 놀부는 코웃음을 치며 빨리 눈앞에서 사라지라고 소리쳤다.

그러자 스님이 눈을 감고 불경을 외우는 것이었다.

"가나바라… 가나바라… 가나바라…."

그러자 놀부가 게슴츠레 눈을 뜨고 미심쩍은 웃음을 지으며 다시 눈을 감고 불경을 외우는 것이었다.

"주나바라… 주나바라… 주나바라…."

신부님과 스님

소문난 음식점이라 늘 사람들이 붐비고 있었다.

한 스님이 배가 고파 음식점에 문을 열고 들어섰는데 손님들로 붐비고 있었다. 비어있는 테이블이 없어 하는 수 없이 종업원의 안내를 받고 합석을 하게 되었다.

"실례합니다…."

"아, 예…. 아이고 스님이시네요. 저는 가톨릭 신부입니다."

자리에 앉은 스님이 종업원에게 주문을 했다.

"산채비빔밥 하나 하고 공깃밥 하나 더 주세요."

앞자리에서 불고기 판에 고기를 뒤적이던 신부님이 그 소리를 듣고 넌지시 스님에게 말했다.

"스님, 평소에 드시는 것도 부실할 텐데 웬만하면 그냥 공깃밥만 추가해 여기 있는 고기 같이 드십시다."

그 말을 들은 스님이 잠시 멈칫거리다가 얼굴을 내밀고 속삭였다.

"아, 예, 다음에 신부님 장가가시는 날 초대해주시면 그때는 사양 않고 먹겠습니다."

예수님과 부처님의 차이

동창들이 모여 크리스마스 파티를 열었다.

이런저런 얘기를 나누던 친구들이 종교문제로 화제가 바뀌자 한 친구가 '예수님과 부처님의 근본적인 차이는 뭘까?' 하고 물었다.

아무도 딱 부러지게 대답을 하지 못하자 종교학을 전공한 친구가 심각한 어조로 입을 열었다.

"음, 그건 아무래도 헤어스타일 아니겠어?"

유일하게 행한 착한 일

어떤 남자가 죽어서 저승으로 갔다.

염라대왕이 그를 맞이하고는 그에 관련된 기록을 모두 살펴본 후 말했다.

"이봐. 자네는 어떻게 살아가면서 한 번도 착한 일을 한 적이 없나?"

남자는 억울한 듯이 말했다.

"무슨 말씀을 그렇게 하십니까? 저도 좋은 일을 했다구요…."

염라대왕이 다시 물었다.

"어떤 일을 했는데?"

그는 기분이 좋아져서 말했다.

"제가 길을 가고 있는데요, 조폭 같은 나쁜 놈들이 연약한 아가씨를 괴롭히고 있더군요. 그래서 내가 용감하게 나서서 외쳤습니다. '야, 이놈들! 그만 두지 못해!' 라고요. 그러자 그 놈들이 나를 둘러싸더군요. 막대기와 쇠사슬을 쩔그렁거리면서요. 하지만 저는 전혀 겁을 먹지 않고 주먹을 우두둑 꺾으며 씨익 웃었죠…."

염라대왕은 궁금해져서 다시 물었다.

"그래서. 어떻게 되었지?"

남자가 대답했다.

"어떻게 되긴요. 그게 바로 여기 오기 전 이야기입니다."

기발한 식당 광고

충청도 국도변에 있는 식당 광고 현수막이다.

식당 400 미터 전에 현수막이 걸려있다.

〈옴머~ 벌써 식사시간이 됐네~ - 포만식당〉

식당 300 미터 전에 걸린 현수막,

〈우리 집에 따뜻한 밥 해놓을께유~ -포만식당〉

식당 200 미터 전에 걸린 현수막,

〈밥 다 됐시유~ 얼른 와유~ -포만식당〉

식당 100 미터 전에 걸려있는 현수막,

〈상 다 차렸어요~ 빨리 와유~ -포만식당〉

식당 앞에 걸려 있는 현수막,

〈그냥 가시면 어떡해유~ 식은 밥 어찌유 ?포만식당〉

똑똑한 죄수

외부로 보내는 편지가 모두 검열 당한다는 사실을 알고 있는 교도소의 죄수가 아내로부터 편지를 받았다.

그의 아내는 편지에서,

'여보, 텃밭에 감자를 심고 싶은데 언제 심는 게 좋죠?' 하고 물었다.

그는 며칠 후 이렇게 답장을 써서 보냈다.

'여보, 우리 텃밭은 어떤 일이 있어도 파면 안 돼요. 거기에 내 총을 모두 묻어 놓았기 때문이오.'

며칠이 지난 후 그의 아내에게서 또 편지가 왔다.

'수사관들이 열 명이나 와서 우리 텃밭을 몽땅 뒤집어 파헤쳐 놓았어요.'

죄수는 즉시 답장을 써 보냈다.

'이제 됐소. 지금이 감자를 심을 때요.'

신사협정

곰이 자기를 겨누고 있는 사냥꾼을 향해 백기를 들고 다가가 말했다.

"우리 서로 싸우지 말고 필요한 것을 위해 협상하면 어떻겠소?"

"좋지, 난 곰 가죽으로 만든 코트를 입고 싶걸랑."

"그건 별로 어려운 문제가 아니요. 난 단지 배가 고플 뿐이니까. 내 굴로 가서 함께 해결 방법을 찾아봅시다."

굴 입구에 이르자 갑자기 곰이 사냥꾼을 물어뜯었다.

"이봐, 약속이 틀리잖아."

사냥꾼이 비명을 지르며 말하자 곰이 말했다.

"난 이래봬도 신사적인 곰이라구. 이게 다 약속을 지키기 위한 거야. 당신을 내 뱃속에 잡아넣으면 당신은 곰 가죽 코트를 입게 되잖아!"

하나님의 이름으로

공부는 하지 않고 늘 노는 데만 정신이 팔려있던 학생이 시험을 보게 되었다.

놀기만 했으니 아는 문제가 하나도 없었다.

고민하던 학생은 교수가 기독교인이란 걸 기억하고 꾀를 냈다.

그래서 학생은 답안지에다 주기도문을 다 쓴 후 '선생님, 하나님의 이름으로 용서해 주십시오. 아멘' 이라고 썼다.

드디어 채점한 시험지를 받아보니 시험지에는 이렇게 적혀 있었다.

'죄인이여, 다음 학기 재수강으로 거듭 나거라! 아멘! F.'

돈으로 침대를 살 수는 있지만 잠은 살 수 없다.
돈으로 책을 살 수는 있지만 지식은 살 수 없다.

키스

예쁘게 생긴 아가씨가 할머니와 함께 옷감을 사러 시장에 갔다.

가게에 들어가 아가씨가 물었다.

"이 옷감 한 마에 얼마예요?"

주인아저씨가 빙긋이 웃으며 눈을 게슴츠레 뜨고 말했다.

"한 마 정도는 키스 한 번만 해주면 그냥 드릴 수도 있는데….

아가씨: "어머! 정말이세요?"

주인아저씨: "정말입니다."

아가씨: "그럼 다섯 마 주세요."

주인아저씨: (콧노래를 부르며) "여기 있습니다. 자, 그럼 이제 키스 다섯 번 해 줘야죠?"

아가씨: "계산은 할머니가 하실 건데요!"

아버님 성함은

한 학생이 전학을 왔다.

담임선생이 학생기록부를 작성하려고 학생에게 아버지 이름을 물었다.

선생님: "아버지 성함이 뭐니?"

학생: "예, 김가진입니다."

선생님: "야, 이 녀석아, 어른 이름을 그렇게 막 부르면 안 되지?"

학생: "아, 죄송합니다."

선생님: "다시 말해 봐!"

학생: "예, 아버지 성함은 김 가짜 진짜입니다."

돈으로 의사를 살 수는 있지만 건강은 살 수 없다.
돈으로 직위를 살 수는 있지만 존경은 살 수 없다.

받아봐야 알지

정신병원에서의 일어난 일이다.

간호사가 주사를 놓기 위해 병실에 들어가니 환자가 침대에 누워 편지를 쓰고 있었다.

간호사: "누구한테 편지를 쓰시는 거예요?"

환 자: "응. 나한테."

간호사: "뭐라고 쓰셨는데요?"

환 자: "그거야 받아 봐야 알지."

박쥐를 본 쥐

아기 쥐가 태어나서 처음으로 박쥐를 보았다.

너무나 신기하고 놀라서 엄마 쥐에게 달려가 흥분된 어조로 말했다.

"엄마, 나 천사 봤어요."

누가 못 박았지?

　주일학교 학습시간에 목사님께서 어린이들 앞에서 현실감 있는 체험을 해주기 위해서 실제로 십자가 형틀에 굵은 못을 준비하고 큰 망치로 꽝! 꽝! 십자가에 못을 박았다.

　어린이들은 자기 몸에다 못을 박는 것 같아 겁이 났다.

　어린이들이 겁먹은 표정을 본 목사님은 더욱더 감동적이게 하려고 더욱더 세게 망치로 못을 박으며 말했다.

　"어린이 여러분! 십자가에 못 박혀 돌아가신 예수님은 얼마나 아프셨을까요? 아무 죄도 없으신 예수님은 우리의 모든 죄를 짊어지시고 이렇게 십자가에 못 박혀 돌아가셨습니다."

　목사님은 제일 겁먹은 표정을 한 어린이에게 물었다.

　"예수님을 누가 십자가에 못 박았죠?"

　그 어린이는 아무 말이 없었다.

　목사님은 그 어린이가 정말 예수님의 고통을 함께 체험했다고 생각하고는 다시 물었다.

　"괜찮아! 말해봐."

　계속 물어도 어린이는 대답을 못하고 울기 시작했다.

　목사님이 다시 물었다.

“아냐! 괜찮아, 울지 말고 말해봐 응. 누가 못 박았지?”

그러자 어린이는 울먹이면서 대답했다.

엄마 돕기

교회 유치부 선생님이 아이들에게 말했다.

“여러분 엄마를 어떻게 하면 도와 드릴 수 있을까요?”

아이들은 저마다 손을 들고 말하겠다고 한다.

아이 1: “저는요, 슈퍼에 심부름을 갔다 올 거예요.”

아이 2: “저는요, 설거지를 도와드릴 거예요.”

아이 3: “저는요, 식탁을 닦을 거예요.”

선생님: “참 잘했어요.”

그때 개구쟁이로 소문난 철수가 손을 번쩍 들고 말했다.

철수: “전 가만히 있을래요.”

선생님: “왜 가만히 있어? 엄마 도와드려야지?”

철수: “엄마가 그러는데요… 전 가만히 있는 게 도와주는 거래요.”

누드 그림

유치원생 두 형제가 누드 작품이 많이 나오는 고전 그림 책을 보다가 이상하다는 듯이 동생이 형에게 물었다.

"형아, 왜 화가들은 누드를 많이 그려?"

그러자 형이 한심하다는 듯 동생의 머리를 쥐어박으며 말했다.

"바보야, 그거야 옷 입은 걸 그리면 여러 가지 물감이 필요하잖아."

바쁜 경찰

도둑이 어떤 집 담을 넘다가 순찰 중인 경찰에게 발각되어 추적을 당했다

한참 쫓기던 도둑이 숨이 차서 갑자기 멈춰 서더니 경찰관에게 말했다.

"이보슈, 그렇게 바쁘면 먼저 가슈!"

죄와 착각

어떤 아가씨가 무릎을 꿇고 하나님께 기도를 드렸다.

"하나님, 저는 아주 큰 죄를 지었어요. 저를 용서해 주세요!"

그러자 하늘로부터 거룩한 음성이 들려왔다.

"사랑하는 딸아, 무슨 죄를 지었는지 말해 보거라!!"

아가씨가 여전히 무릎을 꿇은 자세로 고백했다.

"하나님, 저는 교만한 여자예요. 저는 거울을 볼 때마다 제가 너무 예쁘다는 생각을 했거든요."

그러자 하늘에서 다시 거룩한 음성이 들려왔다.

"애야, 그건 죄가 아니라 착각이니라!"

저승사자의 실수

어떤 30대 여자가 심장마비를 일으켜 병원 응급실로 실려 왔다.

응급처치를 받는 동안 사망 직전에 이른 그녀는 저승사자에게 물었다.

"저승사자님, 지상에서의 제 인생은 이제 끝난 건가요?"

그러자 저승사자가 기록을 살펴본 다음 대답했다.

"아직 여기 올 때가 안 되었구나. 앞으로 50년 더 남았느니라."

그녀는 너무나 기뻤다. 이렇게 해서 되살아난 그녀는 다시 찾은 인생을 그냥 평범하게 보낼 수는 없었다.

그래서 남은 인생을 더 즐기기 위해 이왕 입원한 김에 눈, 코, 턱 등 얼굴을 성형하고 몸매도 날씬하게 만들어 퇴원했다.

하지만 불행히도 그녀는 병원을 나서자마자 건널목을 건너는 순간 그만 차에 치어 즉사하고 말았다.

다시 저승사자에게 간 그녀는 너무나 억울해서 막 항의했다.

"뭐예요! 앞으로 50년 더 남았다면서 왜 벌써 저를 부르신 거죠?"

그러자 저승사자가 아래위를 한참 훑어 본 다음 대답했다.

"정말 미안하게 됐구나. 그대가 성형을 해서 못 알아봤느니라!"

할아버지의 기도

할아버지가 버스를 타고 가는데 갑자기 버스가 급정거하는 바람에 할머니 한 분이 할아버지 앞으로 쓰러졌다.

그러자 할아버지는 이렇게 기도했다.

"하나님, 저를 시험에 들게 하지 마옵소서!"

잠시 후, 또 버스가 갑자기 급정거 하는 바람에 이번엔 예쁘게 생긴 아가씨가 할아버지 앞으로 쓰러졌다.

그러자 할아버지는 용기를 내서 이렇게 기도했다.

"하나님의 뜻이라면 따르겠습니다!"

감나무 값

저택을 갖고 있는 중년 남자가 간암 판정을 받았다.

충격을 받은 그는 하나님께 간절히 기도했다.

"하나님, 제 병을 낫게만 해주시면 제 집을 팔아서 몽땅 바치겠습니다."

그러자 기도 덕분인지 정말로 병이 깨끗이 나았다.

그런데 그 남자는 이제 집을 팔아서 바치려니까 너무나

아까웠다.

그래서 궁리 끝에 신문에 다음과 같은 광고를 냈다.

"대지 500평에 건평 200평인 정원이 딸린 집을 팝니다. 집값은 단돈 백만 원, 단 마당에 있는 감나무를 함께 구입해야 함, 감나무 값은 50억 원"

그 후 집이 팔리자 그 남자는 집 판 돈 백만 원은 하나님께 바치고, 감나무 판 돈 50억 원은 자신이 챙겼다.

거지의 이사

거지가 교회 앞에서 시끄럽게 깡통을 걷어차며 걸어가고 있었다.

그 모습을 본 교회 관리 집사님이 그에게 다가가서 점잖게 타일렀다.

"형제님, 여기는 하나님께 예배드리는 거룩한 성전 앞입니다. 시끄럽게 깡통을 차고 다니면 안 돼요."

그러자 거지가 잔뜩 인상을 찌푸리며 대꾸했다.

"난 지금 이사를 가는 중이라구요!"

첫사랑 여자

일요일 저녁 교회에 다녀온 신혼부부가 잠자리에 들기 전 아내가 남편한테 물었다.

"자기야, 결혼 전에 사랑했던 여자 있었어? 솔직히 말해봐."

그러자 남편이 대답했다.

"그럼, 있었지."

아내가 다시 물었다.

"정말?… 사랑했어?"

"그럼, 사랑했지."

"그래?… 많이 사랑했어?"

"그럼, 많이 사랑했지."

"그래?… 그럼 키스도 해봤겠네?"

"그럼, 해봤지."

이렇게 까지 남편이 나오자 아내는 점점 열이 오르기 시작했다.

"그럼, 그 여자 지금도 사랑해?"

"그럼, 사랑하지. 첫사랑인데…."

아내는 이제 더 이상 참을 수가 없었다. 그래서 벌떡 일어나 쏴 붙였다.

"그럼, 그년하고 결혼하지 왜 나하고 결혼했어?!"
그러자 남편이 대답했다.
"그래서 당신하고 결혼했잖아!"

훌륭한 점쟁이

온갖 노력을 해도 하는 일마다 실패를 해 되는 일이 없는 남자가 있었다.

그의 나이는 서른아홉, 차라리 죽었으면 좋겠다고 생각할 정도로 모든 일이 꼬여 들어갔다. 그는 너무 오랫동안 많은 고생을 겪고 있었다.

남자는 너무도 답답한 나머지 용하다는 점쟁이를 찾아가 보기로 했다. 점을 봐서 계속 고생할 팔자라면 차라리 노숙자가 되기로 결심했다.

남자는 용하다는 점쟁이를 찾아갔다. 그는 그동안 겪은 고생 얘기를 다 하고 나서 도대체 이 고생이 언제 끝날 것이며, 언제부터 일이 잘 풀릴 것인지 물었다.

그러자 점쟁이가 대답했다.

"당신은 마흔 살까지는 고생해야겠소!"

남자는 점쟁이의 말을 듣고 뛸 듯이 기뻐했다. 그는 희색이 만면해 물었다.

"그렇다면 마흔 살 이후에는 제가 드디어 돈을 많이 벌 거라는 얘기군요?"

그러자 점쟁이가 대답했다.

"아니요. 마흔 살 이후에는 고생에 익숙해질 거라는 얘깁니다!"

남자의 젖꼭지

해부학 교수가 학생들과 실습 강의를 하고 있었다.

"하나님께서 인간을 창조하실 때, 우리 몸의 모든 부위는 하나하나 다 쓸데가 있어서 만드셨습니다. 맹장은 맹장대로, 편도선은 편도선대로, 손톱은 손톱대로, 코털은 코털대로, 다 필요에 의해서 만드셨습니다. 그런데 단 한 가지, 남자의 젖꼭지만은 왜 그걸 만드셨는지 아직까지 의학계에서는 알 수가 없어요."

그러자 한 학생이 자신만만하게 대답했다.

"교수님, 그건 앞뒤를 구분하기 위해서입니다!"

180

물 위를 걸으신 이유

교회 형제자매 단체가 성지순례 여행을 가서 갈릴리 바다를 배로 건너게 되었다. 그런데 뱃삯이 한 사람 당 무려 30달러나 되었다.

신도 중 한 사람이 안내원에게 물었다.

"도대체 뱃삯이 왜 이렇게 비싼 거죠?"

이에 안내원이 대답했다.

"여기가 예수님이 물 위를 걸으신 바로 그곳이거든요!"

그러자 일행 중 다른 한 신도가 이렇게 중얼거렸다.

"아! 그렇구나! 뱃삯이 이렇게 비쌌으니 예수님께서 물 위를 걸어서 건너셨구나!"

돈으로 피를 살 수는 있지만 생명은 살 수 없다.
돈으로 여자를 살 수는 있지만 사랑은 살 수 없다.

천당 가고 싶은 사람

주일학교 선생님이 아이들에게 말했다.

"여러분, 예수님 믿고 착한 일 많이 하면 천당 가는 거 알고 있죠?"

"예…!"

"천당 가고 싶은 사람 손 들어봐요."

그러자 모든 아이들이 손을 번쩍 들었는데 맹구만은 손을 들지 않았다.

선생님이 이상해서 맹구에게 물었다.

"맹구는 천당 가기 싫어?"

그러자 맹구가 대답했다.

"엄마가 교회 끝나면 딴 데 가지 말고 곧장 집으로 오랬는데요!"

기도 소리

맹구는 자기 방에 들어가 방문을 닫아 잠그고 아주 큰소리로 기도했다.

"하나님, 우리 아빠가 저에게 스마트폰을 사주도록 해주세요!"

그때 할머니가 맹구의 방문 앞을 지나다가 기도 소리를 듣고 맹구에게 물었다.

"맹구야, 무슨 기도를 그렇게 큰소리로 하니? 하나님은 귀먹지 않으셨어."

그러자 맹구가 대답했다.

"하나님은 들으시겠지만 아빠가 못 들으실까봐서요!"

죽어서도 도둑질

도둑질로 기막힌 명성을 날리던 남자가 나이가 들어 이제는 도둑질을 제대로 할 수 없게 되어 굶주리게 되었다.

교회 열심히 나가는 착한 부자가 도둑의 딱한 사정을 알고는 그에게 먹을 것을 보내주며 돌봐 줬다.

　공교롭게도 부자와 도둑은 같은 날 죽어서 함께 하늘나라
로 갔다. 그런데 뜻밖에도 먼저 심판대에 오른 착한 부자에
게 지옥행이 선고되었다.

　"하나님, 저는 굶주린 도둑에게도 밥도 주고 옷도 주며 살
았는데 너무하십니다."

　착한 부자가 악마에게 이끌려 막 지옥 어귀에 이르렀을
때, 천사가 급히 달려와서 그를 다시 재판소로 데리고 갔다.

　도둑은 아직 거기 있었다.

　베드로가 앞서 내린 결정에 대해 사과하면서 착한 부자에
게 말했다.

　"큰일 날 뻔했습니다. 이 도둑 노인이 당신 선행기록을 자
기 것과 슬쩍 바꿔치기하는 바람에 그랬습니다."

머리 좋은 납치범

납치범이 한 남자를 납치해서 인질로 잡아놓고 그의 아내에게 전화를 걸었다.

"내가 당신 남편을 납치했다. 지금 당장 천만원을 송금하지 않으면 죽이겠다."

그러자 여자가 피식 웃으며 이렇게 대답했다.

"안 그래도 귀찮아 죽겠던 남편이었는데 당신 맘대로 해!"

뜻밖의 반응에 인질범은 얼른 머리를 굴렸다. 그리고 말을 바꾸어서 이렇게 협박했다.

"그렇다면 하는 수 없다. 당신 남편을 도로 집에 데려다 놓겠다!"

그러자 전화기 속의 여자가 다급하게 소리쳤다.

"이봐요! 계좌번호 알려 줘요!"

흙 먹기 내기

젊은 외판원이 외딴 농가를 방문하여 현관문을 두드렸다. 그러자 할머니 한 분이 문을 열어 주었다.

외판원은 할머니께 단도직입적으로 말했다.

"할머니, 제가 지금부터 할머니께 지금까지 못 보셨을 놀라운 일을 보여 드릴게요."

그런 다음 외판원은 밖에 나가서 흙을 한 움큼 퍼다 마룻바닥에 뿌려 놓고 말했다.

"할머니, 저랑 내기를 하시죠. 만약 이 진공청소기가 여기 있는 이 흙을 다 빨아들이면 할머니께서 청소기를 한 대 사시고, 못 빨아들이면 제가 이 흙을 다 먹겠습니다."

그러자 할머니는 한동안 외판원을 물끄러미 바라보더니 말없이 주방으로 가서 숟가락 하나를 들고 왔다.

그리고 숟가락을 외판원에게 내밀면서 말했다.

"이봐요 젊은이, 이 숟가락으로 흙을 다 퍼 먹어!"

외판원이 할머니께 물었다.

"아니, 할머니, 아직 내기가 끝난 게 아니잖아요?!"

그러자 할머니가 잘라 말했다.

"내기는 무슨 내기? 여기는 전기가 안 들어와!"

하나님의 명판결

살아서 못된 짓을 한 남자가 죽어서 하늘나라로 갔다.

하나님이 그에게 천국과 지옥 중 어디로 가기를 원하느냐고 물었다.

그가 천국으로 가기를 원한다고 대답하자 하나님이 다시 물었다.

"그럼 생전에 나쁜 짓 한 적은 없느냐?"

남자는 당당하게 대답했다.

"도둑질을 하기는 했지만 많이는 안 훔쳤습니다. 그리고 강도질을 하기는 했지만 오래는 안 했습니다."

그러자 하나님이 말씀했다.

"응 그랬군! 그럼 내가 너를 아주 뜨거운 곳으로 보낼 텐데 많이 뜨겁지는 않을 거야. 그리고 그곳에 10만 년쯤 있어야 하는데 그렇게 오랜 시간은 아닐 거야!"

하나님의 명령

천국 입국장 밖이 소란스러웠다.

하나님이 문을 열고 나가자 방금 도착한 어떤 남자가 베드로와 승강이를 벌이고 있었다.

하나님이 베드로에게 물었다.

"왜 이리 시끄러우냐?"

그러자 베드로가 대답했다.

"이놈이 살아 있을 때 많은 여자들을 농락해서 지옥에 보내려고 하는데, 자기도 착한 일 한 가지는 했으니 천당에 보내 달라고 우기지 뭡니까!"

하나님이 남자에게 직접 물었다.

"그래? 그럼 너는 어떤 착한 일을 했느냐?"

남자가 대답했다.

"어느 날 길을 가다가 앞 사람이 흘린 천 원짜리 한 장을 주웠거든요. 그래서 그걸 거지에게 줬어요!"

말을 마친 남자는 의기양양해서 마음속으로 천당 갈 준비를 했다. 그러자 하나님이 베드로에게 이렇게 명령했다.

"베드로야! 저놈한테 천 원짜리 한 장 줘서 지옥으로 보내거라!"

스티브 잡스의 묘비명

애플 컴퓨터의 창시자 스티브 잡스가 죽었다.

그의 가족들은 그의 묘비명을 어떻게 써야 할지 고민했다.

그러자 많은 사람들에게서 다음과 같은 여러 가지 의견이 나왔다.

'애플 컴퓨터의 창시자 여기 잠들다!'

'스티브 잡스, 컴퓨터 역사에 영원히 기억되리라!'

'스티브 잡스, 세상 사람들을 편하게 해 주고 본인도 여기 편히 잠들다!'

그 외에도 여러 가지 묘비명들이 나왔지만, 가족들이 공감할 수 있는 그런 묘비명은 아니었다.

그때 누군가가 이렇게 소리쳤다.

"스티브 잡스, 마침내 이 세상에서 로그아웃 하고 하늘나라에 로그인 하시다!"

하나님의 감시

교회에서 결혼식이 끝난 후 성도들이 뷔페식당에 들어가 보니 비싼 랍스타 요리를 담아 놓은 쟁반 위에 이런 팻말이 붙어 있었다.

'랍스타 요리는 조금씩만 담아 가세요. 하나님이 지켜보고 계십니다!'

그런데 여러 가지 음식이 놓여 있는 테이블을 따라가다 보니 그 끝에는 안심구이를 담은 쟁반이 놓여 있는데, 거기에는 누군가 조그맣게 쓴 쪽지가 붙어 있었다.

'안심구이는 마음껏 담아 가세요. 하나님은 랍스타 요리를 감시하느라 저쪽에 계시니까요!'

작은 것과 적은 것에서 만족할 줄 알아야 한다. 그것이 청빈의 덕이다. 밝은 마음을 지니고 긍정적이고 낙관적으로 살면 밝은 기운이 밀려온다.

천당과 흡연

선교활동을 위해 벽지 마을에 들어간 젊은 목사님이 그곳 주민들을 상대로 전도를 시작했는데, 그가 무엇보다 못마땅하게 생각한 것은 할머니들의 흡연이었다.

어느 날 오후 노인정 앞을 지나가던 목사님은 한가로이 담배를 즐기고 있는 할머니와 마주쳤다.

목사님이 할머니에게 말했다.

"할머니, 나중에 천당에 가실 때 담배 냄새를 풍기면 하나님이 통과시켜 주겠어요?"

그러자 할머니는 물고 있던 담배를 입에서 떼며 대답했다.

"이봐요 젊은이, 천당에 들어갈 땐 이미 숨을 거두 후에 들어가는 거야!"

공부 못하면

　대전의 한 만원버스에 탄 할머니가 이리저리 두리번거리며 자리를 찾았다.

　그러자 한 남학생이 얼른 일어나 자리를 양보했다.

　"할머니, 여기 앉으세요."

　할머니가 자리에 앉으며 말했다.

　"에구 고맙군 젊은이. 근디 대학생인가? 어디 다녀?"

　학생이 대답했다.

　"네, 충북대학교 다녀요."

　할머니가 칭찬했다.

　"아이구, 심성도 착하고 머리도 좋아 공부도 잘했구먼. 생긴 것도 남자답고!"

　할머니의 칭찬에 그 학생이 머쓱해하고 있는데, 할머니는 옆에 앉아 있는 다른 학생에게 물었다.

　"근디, 학생은 어느 대학 다니지?"

　그 학생이 대답했다.

　"예, 저는 한국과학기술대(KAIST) 다녀요."

　그러자 할머니가 딱하다는 듯이 말했다.

　"그려. 공부 못하면 일찍부터 기술 배워야제…!"

어버이날 편지

어버이날을 맞아 학교에서 부모님께 편지를 쓰도록 했다.

담임선생님께 검사를 받고, 어버이날 아침에 부모님께 드리는 행사였다.

그런데 편지를 제출받아 읽어 본 담임선생님이 맹구를 불렀다.

"맹구, 앞으로 나와 봐!"

맹구가 앞으로 나가자 담임선생님은 어이가 없다는 표정으로 말했다.

"맹구, 이거 네가 쓴 편지 맞아?"

"네! 제가 쓴 건데요."

"이 편지 네가 큰 소리로 읽어!"

맹구가 큰 소리로 편지를 읽었다.

"아버님 어머님, 감사합니다. 자세한 건 집에 가서 말씀드리겠습니다."

좋은 소식

학교에서 돌아온 맹구가 아빠한테 말했다.

"아빠, 좋은 소식이 있어요."

아빠가 물었다.

"좋은 소식? 그게 뭐냐?"

맹구가 말했다.

"제가 이번 시험에서 60점 이상 받으면 아빠가 상금으로 만원 주시기로 했잖아요?"

아빠가 대답했다.

"그랬지!"

그러자 맹구가 태연스럽게 말했다.

"그 돈, 그냥 아빠가 쓰세요!"

한 수 위

요셉은 동네 또래 아이들로부터 바보라고 늘 놀림을 받았다.

동네 아이들이 10원짜리, 50원짜리 동전을 나란히 놓고 어느 것을 가지겠느냐고 물으면 요셉은 항상 10원짜리 동전을 집었기 때문이다.

오늘도 요셉은 어김없이 10원짜리 동전을 집었다. 이를 지켜보던 마음씨 좋은 한 아저씨가 요셉을 조용히 불러서 말했다.

"애야, 지금 저 애들이 너를 가지고 놀리는 거야. 크기는 작지만 50원짜리가 10원짜리보다 더 비싼 거야. 알겠니?"

그러자 요셉이 아저씨에게 이렇게 말했다.

"알아요. 하지만 만일 제가 50원짜리를 집으면 저 애들이 그만 할 거 아녜요. 전 10원짜리를 집어서 오늘도 천원이나 벌었는걸요."

여자에 대한 생각

놀이터에서 다섯 살쯤 돼 보이는 꼬마 둘이 처음 만났다.

한 아이가 다른 아이에게 물었다.

"난 다섯 살인데 넌 몇 살이냐?"

다른 아이가 대답했다.

"몰라!"

처음 아이가 다시 물었다.

"그럼 너 여자에 대해 생각해 본 적 있니?"

다른 아이가 대답했다.

"아니!"

그러자 처음 아이가 잘라 말했다.

"그럼, 넌 네 살이야!"

여자친구를 사귀는 방법

아빠가 여섯 살 난 아들에게 여자친구를 사귀는 방법, 어떻게 하면 점수를 딸 수 있는지 등을 자세히 가르쳐 주었다.

아빠로부터 가르침을 받은 아들이 밖으로 나갔다가 한 시간 만에 돌아와서 아빠한테 말했다.

"아빠, 이번에는 여자친구를 떨쳐 버리는 방법을 가르쳐 주세요!"

메뚜기와 하루살이의 결투

메뚜기 한 마리가 잔디밭을 뛰어가다 실수로 외출 나온 하루살이의 어깨를 쳤다.

그렇지 않아도 기분이 좋지 않던 하루살이는 메뚜기에게 마구 욕을 해댔다.

그러자 열이 받은 메뚜기가 하루살이를 흠씬 두들겨 팼다.

4주 이상 진단이 나오도록 얻어맞고 자기 동네로 돌아간 하루살이는 대장 하루살이에게 복수를 해 달라고 부탁했다.

그날 오후, 대장 하루살이는 정예 부하 3천 마리를 데리고 메뚜기한테로 왔다.

대장 하루살이가 맨 앞에 서고 나머지 하루살이들은 메뚜기를 중심으로 겹겹이 둘러쌌다.

그러자 도저히 승산이 없다고 판단한 메뚜기가 재빨리 대장 하루살이에게 제안했다.

"결투는 내일로 미루자!"

수탉의 가출

금실이 좋기로 소문난 닭 부부가 부부싸움을 한 끝에 수탉이 가출을 했다.

밤늦도록 수탉이 돌아오지 않자 암탉은 자신의 잘못을 뉘우치며 불현듯 걱정이 되어 남편을 찾아 나섰다.

암탉은 동네방네 돌아다니며 남편을 애타게 불러 댔다.

"달걀 아빠! 달걀 아빠!…"

암탉과 젖소의 불평

암탉이 젖소에게 불평을 늘어놓았다.

"사람들은 참 나빠! 자기네들은 계획적으로 아이를 낳으면서 우리한테는 무조건 알을 많이 낳으라고 한단 말이야."

그러자 젖소도 불평했다.

"그까짓 건 아무것도 아냐. 지금까지 수많은 인간들이 내 젖을 먹고 자랐으면서도 나를 엄마라고 부르는 놈은 한 명도 없어!"

여자들의 수다

남편: "당신 평소에는 전화기 잡았다 하면 2시간이던데 조금 전에 온 전화는 어떻게 30분 만에 끊었냐?"

아내: "아, 잘못 걸려온 전화예요."

남편: "누군데 현관에서 30분씩이나 이야기를 해요? 들어와서 하지!!"

아내: "옆집 여자인데 바빠서 들어왔다 갈 시간이 없다잖아요."

남편: "무슨 전화를 2시간씩이나 해요?"
아내가 남편을 흘겨 본 다음 수화기에 대고 말한다.
아내: "얘, 자세한 이야기는 만나서 하자!!"

수수께끼

• 얼굴 못 생기고 옷 잘 입는 거랑, 얼굴 잘 생기고 옷 못 입는 거랑 어느 게 좋아?

답: "이쁘고 안 입은 거."

• 사람들은 옷을 왜 입을까요?

답: "저도 그게 불만입니다."

• 고3인 남자친구 선물로 뭐가 좋을까요? 전 고2거든요. 뭐 하룻밤 그런 거 즐…하는 거 말고 진지하게 뭐가 좋을까요?

답: "고3 남자친구라면 헤어지는 게 최고의 선물."

• 여친에게 가슴 사이즈가 얼마냐고 물어봤더니 B라고 하던데, B가 큰 건 아니잖아요. 근데 만져보면 크거든요. … 봐도 그렇고. 어떻게 된 거죠?

답: "나도 만져 봐야 알 것 같은데."

• 키스할 때 가슴을 만지는 남자는 선수입니까?

답: "팬티 만지면 감독이겠네?"

• '국회의원' 을 다섯 글자로 줄이면?

답: "여기 네 글자를 다섯 글자로 줄여달라는 바보가 있습니다."

• 귤에서 오줌 맛이 난다. 껍질을 먹어서 그런가.

답: "너…오줌 맛 어케 아는 거냐?"

• 나보다 잘 생긴 세끼들은 다 꿇어!

답: "천하를 평정할 셈인가?"

삼대 미친년

①며느리를 딸로 착각하는 여자
②사위를 아들로 착각하는 여자
③며느리의 남편을 아직도 아들로 착각하는 여자

으뜸 미친년

10억도 없으면서 강남 사는 년

20억도 없으면서 자식 유학 보내는 년

30억이나 있으면서 손자 봐주는 년

40억도 없으면서 사(士) 자(字) 사위 보려는 년

50억도 없으면서 상속해 줄 걱정하는 년

60억이나 가진 년이 60살 도 안 되어서 죽는 년

1억도 없으면서 위의 6년을 흉보는 년(으뜸 미친 년)

딸과 아들

① 아들은 사춘기가 되면 남남이 되고, 군대 가면 손님이 되고, 장가가면 사돈이 된다.

② 아들 낳으면 1촌, 대학 가면 4촌, 군대 가면 8촌, 장가가면 사돈의 8촌, 애를 낳으면 동포, 이민 가면 해외동포.

③ 딸 둘에 아들 하나면 금메달, 딸 만 둘이면 은메달, 딸 하나에 아들 둘이면 동메달, 아들만 둘이면 목메달.

④ 자녀들이 출가하면 아들은 큰도둑, 며느리는 좀도둑, 딸은 예쁜 도둑.

맹순 엄마 1

• 맹순 엄마가 마트에 취직하려고 면접을 보러 갔다.
"남편은 뭐하세요?"
"밖에서 기다리고 계세요."

맹순 엄마 2

맹순 엄마가 할인매장에서 계산을 하는데 영수증을 보더니,
"저기요, … 저 부가세는 안 샀는데요!"

맹순 엄마 3

맹순 엄마가 봉사활동을 하러 요양원에 갔다.
할머니 할아버지들 다 씻겨드리고 너무 힘들어서 잠시 눈을 붙였는데 어떤 젊은 여자 두 명이 와서는,
"이 할머니는 피부도 곱네!!"
하면서 옷을 벗긴다.

맹순 엄마 4

맹순 엄마가 헬스 끝나고 집에 가려는데 카운터 보는 여 직원이 말했다.

"(사물함) 키는 요?"

"160인데! 왜요?"

맹순 엄마 5

맹순 엄마가 친구와 밥 먹고 헤어져서 길에 주차된 썬팅 잘 된 차 창문에 이~~ 하고 고춧가루 꼈나 안 꼈나 확인하는데 갑자기 창문이 스르륵 내려가면서 어떤 남자가 친절하게 말해 준다. 뭐라고 그랬을까?

"아, 아 안 꼈어요!!!"

지옥의 관광객

어떤 사람이 죽어서 천당에 갔다.

가서 보니 살아 있을 때의 이승과 크게 다르지 않아 실망했다. 그래서 그는 지옥과 비교해 보고 싶어 지옥엘 가 봤다. 그런데 뜻밖에도 그곳이야말로 낙원같이 좋아 보였다.

천당으로 돌아온 그는 짐을 싸들고 지옥으로 가겠다고 선언했다.

그러나 지옥에서 살겠다고 돌아와 보니 이건 전혀 다른 세상이었다. 온갖 송장들과 불덩어리가 나뒹구는 아비귀환 그 자체였다.

깜짝 놀라서 사탄에게 지난번과 다른 이유를 물었다.

"지난번에는 관광객으로 왔었나 보군!!"

회개

교회의 목사님이 아이들에게 설교를 하였다.
"모두 회개를 해야합니다."
목사님이 한 학생에게 물었다.
"학생, 회개를 하려면 먼저 어떻게 해야지요?"
"예. 먼저 죄를 지어야합니다."

잘못 걸려온 전화

목사님이 집에서 성경을 보고 있는데, 생맥주 한 통을 배달해 달라는 어느 여자의 잘못 걸려온 전화를 받았다.
그런데 목사님은 그 여자 목소리가 자기 교회 성도의 목소리란 것을 알아차리고, 점잖게 타이르려고 말했다.
"성도님, 저는 성도님 교회의 담임목사입니다."
그러자 그 여자가 깜짝 놀라며 말했다.
"아니, 목사님, 도대체 지금 술집에서 뭐하고 계세요?"

성령의 충만함

목사님이 기도원에 가서 열심히 기도하여서 성령이 충만함을 느꼈다.

그래서 자신의 믿음이 얼마나 충만한가를 시험하고 싶었다. 그리고 생각해 낸 것이, 예수님께서 말씀하시기를 지극히 적은 믿음만이라도 있다면, 이 산에게 명하여 저 바다에 빠지라고 하면 그대로 될 것이라고 하신 말씀을 믿고 백두산을 향해서 명령했다.

"백두산아, 예수님의 이름으로 명하노니 들려서 동해 바다에 빠지거라!"

그런데 아무리 소리쳐도 전혀 반응이 일어나지 않았다.

그래서 다시 기도원에 들어가서 주님께 기도하면서 여쭈어봤다.

"주님, 어찌하여 주님 말씀대로 이루어지지 않습니까?"

그러자 주님의 음성이 들려왔다.

'백두산을 동해바다에 빠쳐서 뭐하려고!!!'

외국인 선교사

한국에 갓 부임한 외국인 선교사가 있었는데, 아직 한국어가 많이 서툴렀다.

연말이 되어 송구영신 예배가 있었는데 마침 그 선교사가 송구영신 예배시간에 설교를 하게 되었다.

"성도 여러분! 오늘 이 밤이 지나면, 지난 년이 가고 새 년이 옵니다. 우리는 오는 년을 맞이함에 있어, 새 년과 함께 보낼 몸과 마음의 준비가 필요하듯, 간 년을 과감하게 정리하여야 할 마음가짐 또한 중요합니다. 지난 년들을 돌이켜 보면 참으로 여러가지 기대가 충만했던 년도 있었지만, 어떤 년은 대단히 실망스럽기도 했었습니다. 우리는 조금 있으면 돌아올 새 년에 대해 우리 각자의 마음속은 과연, 이 년은 어떤 년일까 하는 기대에 찬 호기심으로 꽉 차 있겠습니다. 그러나 여러분! 여기서 우리가 알아야 할 가장 중요한 것은 이 년 저 년 할 것 없이 모든 년은 하나님이 주신 년이란 사실입니다. 그렇기 때문에 여러분은 각자 맞이할 새 년을 하나님께 감사해야 합니다.

오징어의 울음소리

교회 유치부에서 선생님과 아이들이 동물의 울음소리를 알아맞히는 게임을 했다.

선생님이,

- 송아지의 가면을 쓰자, "음메… 음메…!" 라고 했다.
- 닭 가면을 쓰면, "꼬꼬댁, 꼬꼬댁…!"
- 호랑의 가면을 쓰면, "어흥, 어흥!"
- 개구리 가면을 쓰면, "개굴개굴…!"
- 강아지 가면을 쓰면, "멍멍!"이라고 모두들 재미있어하고 잘 맞추는 것이었다.

그러자 이번에는 선생님이 과연 아이들이 오징어 가면을 쓰면 뭐라고 말할지 궁금해졌다. 그래서 선생님은 오징어 가면을 썼다.

그러자 아이들의 반응은?

"함 사세요…!"

유가 급등의 원인

지옥에서는 지구의 석유를 이용해서 지옥불을 태우고 있었다.

지옥을 지키는 사탄이 부하에게 물었다.

"한국에서 온 아줌마들이 있는 곳은 불길을 세게 하고 있겠지?"

"예. 그런데 한국 아줌마들은 살아생전에 찜질방에서 얼마나 단련이 되었는지, 웬만한 불길은 오히려 즐기고 있습니다."

"그래서 지옥불길을 최고로 뜨겁게 하라고 하지 않았느냐?"

"하지만 사탄님, 한국여자들을 벌주려고 과거보다 기름을 훨씬 많이 쓰는 바람에 지구상의 기름이 곧 바닥나 버릴 것 같습니다."

천국에서의 야구

야구를 너무나 좋아하는 두 남자가 있었다.

그들은 죽은 후 하늘나라에서도 야구를 할 수 있는지가 궁금했다.

그래서 둘 중에 누가 먼저 죽으면 확인을 하고 알려주기로 했다.

그러던 어느 날 정말 한 친구가 먼저 갑자기 죽었다.

며칠 뒤 꿈에 죽은 친구가 생시처럼 나타났다.

"어!! 자네 정말 왔구먼. 그래 하늘나라에서도 야구를 하던가?"

그러자 죽은 친구는 담담한 얼굴로 물었다.

"그보다 먼저 좋은 소식과 나쁜 소식이 있는데, 무엇을 먼저 듣고 싶나?"

"당연히 좋은 소식이지!"

"좋은 소식은 하늘나라에서도 분명히 야구를 한다는 것이라네." 이 말을 들은 친구는 다시 물었다.

"그래? 멋지구먼! 그런데 나쁜 소식은 무엇인가?"

그러자 죽은 친구가 대답했다.

"자네가 내일 밤 선발투수 명단에 올라 있네."

목사님의 눈

교회를 열심히 다니는 한 남자에게 물어보았다.

"당신이 다니는 교회 목사님의 눈은 무슨 색입니까?"

"글쎄요…, 잘 모르겠는데요. 기도할 때는 목사님이 눈을 감으시고, 설교를 할 때는 제가 눈을 감아서 목사님의 눈을 한 번도 본 적이 없어서요!"

살인

한 남자가 부인을 총으로 쏴 죽인 혐의로 법정에 섰다.

재판장이 물었다.

"왜 부인을 죽였나요?"

남자는 흥분해서 말했다.

"마누라가 다른 놈과 바람을 폈지 뭡니까! 그래서 참을 수 없어서 총을 쐈어요."

재판장이 다시 물었다.

"그럼, 현장을 목격했을 때 당신의 부인과 바람을 함께 폈던 남자 둘 중에 누가 더 밉던가요?"

남자는 고개를 푹 숙이고 대답했다.

"그 놈팽이가 더 미웠습니다…!"

재판장은 이상하다는 듯이 다시 물었다.

"그렇다면 왜 남자를 쏘지 않고 부인을 쐈습니까?"

그러자 남자가 대답했다.

"저도 처음에는 그러려고 생각했어요. 그런데 그러다가는 여러 놈 죽이겠더라고요…."

김태희와 삼순이

예쁜 김태희가 술 마시고 오버이트하면?

"왜 그렇게 무리해서 마셨어? 몸 생각해야지!"

못 생긴 삼순이가 술 마시고 오버이트하면?

"그게 다 돈이다, 돈, 주워 먹어라! 이 등신아!"

예쁜 김태희가 길을 물으면?

"아, 예! 거기로 가려면요…."하고 직접 안내해 준다.

못 생긴 삼순이가 길을 물으면?

"저, 이 동네 안 살아요."

예쁜 김태희가 공부를 잘하면?

"금상첨화!"

못 생긴 삼순이가 공부를 잘하면?

"배수의 진."

저승에서 온 이메일

서울에서 무역회사를 하고 있는 김 집사님이 태국으로 출장을 갔다.

도착한 그날 밤 아내에게 이메일을 보냈다. 그런데 그만 실수로 며칠 전에 세상을 떠난 목사님 사모님에게 발송되고 말았다.

목사님 사모님은 이메일을 받아보고는 그 자리에서 졸도하고 말았다. 사람들이 몰려와서 보니 컴퓨터 화면에는 다음과 같은 내용의 이메일이 남아 있었다.

'… 여보, 무사히 잘 도착했소. 그런데 이곳은 너무 뜨겁구려…!'

쥐 부부

몹시 가난한 쥐 부부가 끼니 걱정을 하다가 남편 쥐가 아내 쥐에게 물었다.

"여보, 쌀이 얼마나 남았어요?"

아내 쥐가 대답했다.

"쥐꼬리만큼 남았어요!"

그러자 남편 쥐가 말했다.

"그럼 우리 쥐도 새도 모르게 먹읍시다."

물가 인상

어린 삼남매를 키우며 어렵게 사는 젊은 과부가 있었다.

먹고 살기 위해 어쩔 수 없이 추운 날씨에도 거리에서 호떡을 팔기 시작한 어느 날 한 남자가 물었다.

"아주머니, 호떡 하나에 얼마입니까?"

"1,000원입니다."

그러자 남자는 지갑에서 1,000원짜리 지폐 한 장을 주고는 그냥 갔다.

과부가 "저기요! 호떡 가져가셔야죠?" 하고 말했으나 남자는 빙긋이 웃으며 그냥 가는 것이었다. 과부는 별 이상한 사람도 다 있구나 생각하고는 그냥 지나쳤다.

그런데 다음 날도 와서는 1,000원짜리 지폐 한 장을 내놓고는 아무 말 없이 그냥 가는 것이었다.

그 다음 날도, 또 그 다음 날도… 하루도 빼지 않고 1,000원만 내놓고는 그냥 갔다.

그렇게 봄이 지나고 여름, 가을이 지나 함박눈이 쏟아지는 겨울이 되어 크리스마스가 되었다. 그 날도 어김없이 남자는 찾아와 1,000원을 내놓고는 말없이 가는 것이었다.

그러자 과부는 이번에는 무슨 꼭 할 말이라도 있는 듯이 종종걸음으로 남자를 따라갔다.

그리고 수줍은 듯이 눈을 내리깔고는 말했다.

"저…! 호떡 값이 올라서요!!!"

신혼의 추억

할아버지가 막 잠이 들려는데 할머니가 신혼 시절이 생각난 할머니가 속삭였다.

"영감!, 우리 신혼시절 생각 나요? 그땐 우리가 잠자리에 들면 영감이 먼저 내 손을 꼭 잡아 줬죠?"

할아버지는 별로 내키지는 않았지만 손을 잡고는 잠을 청했다.

그리고 몇 분이 지나자 할머니가 다시 속삭였다.

"그런 다음 부드럽게 키스를 해 주곤 했죠?"

이번에도 내키지는 않았지만 할아버지는 돌아누워 가볍게 키스를 해 주고는 다시 잠을 청했다.

또 잠시 후 할머니는 속삭였다.

"그러고는 내 귀를 가볍게 깨물어 주곤 했죠?"

할아버지는 이번에는 더 이상 참을 수 없다는 듯이 벌떡 일어났다.

그러자 할머니가 물었다.

"…왜, 어딜 가려고요?"

할아버지가 투덜거리며 말했다.

"이빨 가져와야잖아…"

오래 사는 이유

병에 걸린 환자가 의사를 찾아와 심각하게 물었다.

환자: "저는 얼마나 오래 살 수 있을까요?"

의사: "오래 살고 싶으세요?"

환자: "네에!"

의사: "담배나 술은 얼마나 하시나요?"

환자: "아뇨, 전혀 안 해요!"

의사: "섹스는 일주일에 몇 번이나 하세요?"

환자: "전혀 관심이 없어요!"

의사: "골프나 뭐 취미생활은요?"

환자: "취미생활 같은 거 전혀 관심이 없어요!"

의사: "도박은요?"

환자: "도박은 뭣하러 합니까?"

의사는 한참을 생각하다가 이렇게 말했다.

"아니, 그럼 뭣땜에 오래 사시려고 합니까?"

부인의 질투

사이가 좋은 가래떡 부부가 있었다.

하루는 남편 가래떡이 옆집 인절미 여자에게 한눈을 팔았다.

화가 난 아내 가래떡이 남편 가래떡에게 바가지를 긁기 시작했다.

"그까짓 인절미 년이 뭐가 그리 이쁘다고 한눈을 팔아요?"

"솔직히 말해 당신보다야 이쁘지!"

그러자 아내가 당치도 않다는 표정으로 내뱉었다.

"흥! 인절미 그 년은 순전히 화장발이라구요…!"

김밥과 만두의 달리기 시합

분식집 가을 운동회가 열렸다.

만두는 속에 든 것이 별로 없어서 쏜살같이 달렸다. 그러나 김밥은 단무지, 시금치, 오이, 햄 등이 들어있어 죽을힘을 다해 달려도 쫓아갈 수가 없었다. 하는 수 없이 속에 든 단무지, 시금치 등을 빼 버리면서 달렸다.

하지만 간발의 차이로 만두가 결승점에 먼저 도착해 우승을 했다.

그러나 김밥 주인이 강력하게 항의하는 바람에 사람들이 웅성거리기 시작했다.

잠시 후 우승자가 김밥으로 바뀌었다고 안내방송이 나왔다.

"만두가 간장을 찍지 않고 달려 실격되었습니다."

절 좋아하세요?

절 좋아하세요? … 저는 교회 좋아해요.

니가 정말 원한다면? … 난 네모할게.

삶은? … 계란이야.

너 남자랑 해 봤어? … 난 내 자랑밖에 안 해.

야, 나 오늘 너하고 해 보고싶어! … 정동진에서?

난 절대 보 내지 않을 거야! … 그럼 가위 낼 거야?

나 묻고 싶은 거 있는데! … 그럼 삽 줘?

그게 무슨 말이야? … 얼룩말!

이제는 말 할게! … 너는 소 해!

너 죽을 준비해! … 난 밥 준비할게!

날 생각하지 마! … 날개도 없어!

학!학! 나 흥분대! … 놀부 어딨냐구?

원수 같은 마누라

마누라와 대판 싸우고 미안한 생각이 들어 교외로 나가 외식이나 하자고 차를 끌고 나갔다.

마누라는 화가 안 풀려 아무 말도 안 하고 앞만 바라보고 있다.

마침 도로에는 차들도 별로 없어서 씽씽 달리는데 저만치 경찰차가 나타났다.

경찰이 차를 세우라고 한다.

남편: "무슨 일이죠?"

경찰: "과속하셨습니다. 규정속도가 90km인데 150km로 오셨습니다."

남편: "아녜요! 저는 90km로 왔어요!"

마누라: "여보, 당신 150km 넘었어요!"

남편: '당신 내 마누라 맞아?'

경찰: "그리고 보니 안전벨트도 매지 않으셨군요?"

남편: "매구 왔는데 경찰 당신이 차를 세우는 바람에 풀었 잖아요!"

마누라: "여보, 당신이 언제 안전벨트 매고 운전한 적 있 어요?"

남편: (드디어 폭발한다.) "아니 이 여편네가 미쳤나? 너 정말 죽을래?"

경찰: "사모님, 남편께서는 평소에도 이렇게 말씀이 거칩니까?"

마누라: "아녜요…, … 평소에는 괜찮은데 꼭 술만 취하면 이래요?"

처음에는 다 아픈 거야!

암놈 코끼리가 사냥꾼이 쳐 논 그물에 갇히고 말았다.

잠시 후면 사냥꾼이 올 텐데 꼼짝 없이 잡히게 되었다.

그런데 마침 옆에 생쥐가 지나가는 것이 아닌가!

코끼리는 생쥐에게 통사정을 하였다.

"생쥐야, 이 그물을 물어뜯어 나를 구해주면 네 소원 한 가지를 무조건 들어주겠다."

생쥐가 정말이냐고 다시 확인을 하고는 그물을 물어뜯어 코끼리를 구해 주었다.

"그래, 생쥐 네 소원이 뭐냐?"

"응! 너하고 거시기 한 번 하는 거야!"

코끼리는 어이가 없었지만 약속은 약속이라 하는 수 없이 응할 수밖에 없었다.

코끼리와 생쥐가 거시기 하는 광경을 나무 위에서 지켜보던 원숭이가 하도 기가막혀 한심한 코끼리 머리 위로 먹던 코코넛 열매를 집어던졌다.

머리통을 얻어맞은 코끼리가 아파서 '아…!' 하고 신음소리를 냈다.

그러자 생쥐가 종알거렸다.

"참아! 처음 할 때는 다 그렇게 아픈 거야!"

용서는 단지 자기에게 상처를 준 사람을 받아들이는 것만이 아니다. 그것은 그를 향한 미움과 원망의 마음에서 스스로를 놓아주는 일이다. 그러므로 용서는 자기 자신에게 베푸는 가장 큰 베품이자 사랑이다.

무인도의 세 남자

모험을 즐기는 남자 3명이 비행기를 몰고 가다가 무인도에 추락했다.

다행히 목숨은 건졌으나 그 섬에는 먹을 것이 별로 없었다. 배고픔과 목마름에 지쳐 가는데 하나님이 나타났다.

"너희들은 평소 좋은 일을 많이 해서 내가 너희들의 소원을 한 가지씩 들어주겠다."

첫 번째 남자가 말했다.

"하나님, 제발 저를 집으로 데려다주세요."

하나님은 그의 말이 끝나자마자 그를 집으로 데려다 주었다.

두 번째 남자가 말했다.

"저도 마누라가 있는 곳으로 데려다주세요."

그러자 그도 마누라가 있는 집에 데려다 주었다.

마지막 남은 남자가 말했다.

"… 저는 집도 없고 마누라도 없으니까 그냥 여기 있을래요. 저 혼자 있으면 심심하니까 방금 그 두 사람 다시 여기로 데려와주세요."

시험문제

맹구가 학교에서 시험을 보는 날이었다.

시험지를 받아본 맹구 눈에 아는 문제라고는 딱 하나 있었다.

* '미닫이' 를 소리나는 대로 쓰세요.

맹구 곧장 답을 썼다.

'드르륵'

춤추는 개미

곤충 연구에 거의 일생을 바친 교수가 있었다.

그는 특히 개미에 대한 연구를 해왔다. 그 연구는 바로 음악이 흘러나오면 춤을 추게 하는 개미였다. 그런데 드디어 음악을 틀자 개미가 춤을 추기 시작했다. 그는 너무나 기뻐서 당장 아무에게라도 연구에 대한 자랑을 하고 싶어 견딜 수가 없었다. 그래서 사람들이 많이 모여 있는 구내식당으로 달려갔다.

그는 식당으로 가서 종업원에게 음악을 틀어달라고 말했

다. 음악이 나오자 개미가 탁자에서 춤을 추기 시작했는데 종업원이 다가와서 말했다.

"아니! 여기 웬 개미가 있잖아. 죄송합니다. …꾹!"

종업원은 그 개미를 손가락으로 눌러 죽였다.

하나님이 계신 곳

어떤 목사님이 설교 시간에 아이들에게 물었다.

"여러분, 하나님이 어디 계시는지 알아요?"

많은 아이들이 "하늘나라요!"라고 소리쳤다.

그런데 한 아이가 일어나더니 이렇게 말했다.

"목사님, 하나님은 저희 집 화장실에 있습니다."

목사님은 깜짝 놀라 되물었다.

"아니, 하나님이 너희 집 화장실에 계시다고?"

그러자 그 아이는 또박또박 큰 소리로 말했다.

"우리 아빠는 매일 아침 화장실 문을 주먹으로 쾅쾅 두드리며 소리쳐요. 그런데 '오 마이 갓(Oh my God)! 당신 아직도 거기 있어?' 하시거던요…."

신임 목사님

맹순이 삼순이 두 처녀 자매가 살고 있는 집이 있었다.

그 집 대문은 비만 오면 나무로 된 빗장이 습기가 차 뻑뻑해져서 여간해선 열기가 힘들었다. 그래서 비가 오는 날은 도끼를 가지고 빗장을 쳐야만 문이 열렸다.

그러던 어느 비 오는 날 그 동네에 한 신임목사님 오셨다.

이 신임 목사님이 동네 집집마다 심방을 다니는 중에 두 자매가 사는 집 앞에 서서 문을 두드렸다.

그러자 안에서 "누구세요?"하고 묻는 것이었다.

"예, 이 동네 교회에 새로 온 신임 목사입니다."

그때 안에서 들려오는 목소리를 듣고 목사님은 기겁을 해서 줄행랑을 치고 말았다.

안에서 난 소리는,

"삼순아, 신임목사님인가본 데. 빨리 도끼 좀 가져와!"

사는 게 힘들면

사는 게 힘들어 죽고 싶다고 생각해 보신 적 있나요?

죽고 싶다고 생각이 들 땐 이렇게 해보세요!

가장 먼저 하루 동안 아무것도 먹지 말아 보세요.

배고파 죽습니다.

아직 죽지 않았다면 어제 못 먹었던 음식을 쌓아놓고 다 먹어 보세요.

배 터져 죽습니다.

앞에 걸 루 안 되면… 하루종일 아무 일도 하지말구 가만히 있어 보세요.

심심해 죽습니다.

그래도 안 죽고 살아 있다면 자신을 힘들게 하던 일을 두 배, 세 배 열심히 일해 보세요.

힘들어 죽습니다.

혹시나 그래도 안 죽으면 1,000원만 투자해서 즉석복권을 사세요.

그리고 긁지 말고 바라만 보세요.

궁금해 죽습니다.

잠시 후, 죽기 직전에 즉석복권을 긁어 보세요.

반드시 '꽝!' 일 것입니다.

열 받아 죽습니다.

어때요? 죽는 것도 쉽지가 않죠?

위의 방법으로도 안 되면 아직 살아야 할 이유가 많이 있다는 것입니다. 최선을 다해 살다보면 웃을 일이 생길 겁니다.

엄마가 가장 고마웠을 때

맹구가 다니는 교회 유치부 선생님이 아이들에게 숙제를 냈다.

'엄마가 가장 고마웠을 때' 를 적어오라는 숙제였다.

맹구는 한참을 생각하다가 뭔가가 떠올랐는지 고개를 끄덕이며 공책에 적었다.

'어저께.'

베토벤 5번 교향곡

미국 뉴욕에 어떤 부자 부부가 살고 있었다.

하루는 카네기홀에서 열리고 있는 연주회에 가는데 차가 막혀 조금 늦게 도착하게 되었다.

조용히 자리를 찾아가 앉아 옆 사람에게 물었다.

"지금 연주되고 있는 게 무엇입니까?"

"베토벤 5번 교향곡입니다."

그러자 부자 남편은 자기 아내를 보며 한숨을 내쉬며 투덜거렸다.

"에휴! 고향곡 4개나 놓쳐버렸네!"

첫날밤의 기도

젊은 목사님이 결혼을 해서 첫날밤을 맞이하게 되었다.

신랑 목사님과 신부는 설레는 마음으로 침대에 들었다.

목사님은 먼저 무릎을 꿇고 기도를 올렸다.

"주님 제게 힘을 주시고, 저희를 올바르게 인도하여 주시

옵소서…!"

그러자 기도를 듣고 있던 신부가 신랑에게 속삭였다.

"힘만 달라고 기도해요. 인도는 제가 알아서 할 테니

까요."

골프 치매 증세

중기

① 회원인데 비회원 난에다 이름을 쓴다.

② 주중에 운동하면서 "주말 날씨 참 좋다!" 라고 한다.

③ '두발용' 이라고 써 있는 크림을 두 발에 다 바른다.

④ 분실물 보관함에 있는 물건을 보고 얼마냐고 묻는다.

말기

① 깃대를 들고 다음 홀로 이동한다.

② 캐디보고 "여보" 라고 부른다.

③ 골프치고 돌아온 날 저녁에 아내보고 "언니!" 라고 부른다.

④ 카트 타고 라디오 틀어달라고 한다.

⑤ 벙커 샷 후에 채 대신 고무래 들고 나온다.

희망은 누구에게나 있다

지하철 문이 열리고 체격이 듬직한 남자가 큼지막한 가방을 들고 들어왔다.

남자는 헛기침을 몇 번 하더니 굵은 목소리로 이야기를 시작했다.

"자…! 여러분 안녕하십니까?

제가 이렇게 여러분 앞에 선 이유는 좋은 물건 하나 소개해 드리기 위해서입니다.

자, 물건을 보여 드리겠습니다.

자, 플라스틱 머리에 솔이 달려 있습니다. 이게 무엇일까요?

칫솔입니다.

이걸 뭐 할려고 가지고 나왔을 까요?

팔려고 가지고 나왔습니다.

한 개에 200원씩 다섯 개 묶여 있습니다.

얼마일까요?

천원입니다.

뒷면 돌려보겠습니다.

영어 써 있습니다. 메이드 인 코리아. 이게 무슨 뜻일까요?

수출했다는 겁니다.

수출이 잘 될까요?

망했습니다.

자, 그럼 여러분에게 한 개씩 돌려보겠습니다."

그리고 남자는 칫솔을 사람들에게 돌렸다. 칫솔을 다 돌리고 나서 남자는 다시 말을 했다.

"자, 여러분, 여기서 제가 몇 개나 팔 수 있을까요?

여러분도 궁금하시죠? 저도 궁금합니다.

잠시 후에 알려드리겠습니다."

과연 칫솔이 몇 개나 팔렸을까?

아저씨는 또 다시 말을 이어갔다.

"자 여러분, 칫솔 4개 팔았습니다.

얼마 벌었을까요?

4천원 벌었습니다.

제가 실망했을까요, 안 했을까요?

예, 실망했습니다.

그렇다구 제가 여기서 포기할 것 같습니까?

아닙니다. 다음 칸 갑니다!"

목욕탕과 식당

대학생들이 '욕쟁이 할머니 식당' 이라고 간판이 붙은 식당에 들어갔다.

식사를 하려고 메뉴판을 들여다보는데 '남탕' 과 '여탕' 이 있었다.

웬 식당에 목욕탕인가 하고 할머니에게 물었다.

"할머니, 남탕은 뭐고 여탕은 뭐예요?"

그러자 할머니가 말했다.

"너그들 대학생이 그런 것도 몰러? 남탕은 알탕이고 여탕은 조개탕이지 뭐여!"

도둑의 체세술

    도둑이 열 번째 경찰서에 잡혀 왔다.

    경찰: 직업은?

    도둑: 빈부 격차를 없애려고 밤낮으로 노력하는 사회운동가입니다.

    경찰: 넌 꼭 혼자 도둑질을 하던데 공범은 없냐?

    도둑: 세상에 믿을 놈이 없어서요!

    경찰: 너 마누라도 도망갔다면서?

    도둑: 그거야 또 훔쳐오면 되죠!

    경찰: 넌 휴가도 안 가냐?

    도둑: 이렇게 잡혀오는 날이 휴간데요!

    경찰: 그리고 넌 아들 학교 담임한테 아버지 직업을 뭐라고 하냐?

    도둑: 귀중품 운반원요!

    경찰: 너도 억울하다고 생각된 적이 있냐?

    도둑: 내가 훔쳐온 금반지를 마누라가 팔러 가다가 소매치기 당했을 때요!

    경찰: 그때 마누라가 돌아와서 뭐라고 말하던가?

    도둑: 본전에 팔았다고요!

낚시꾼 부부

낚시광인 부부가 있었다.

남편이 혼자 낚시를 갔다가 한 달 만에 돌아와 불을 끄고 함께 잠자리에 들었다.

부인이 남편을 슬쩍슬쩍 건드려도 반응이 없어 물었다.

"아니, 왜 입질도 하지 않아요?"

그러자 남편이 말했다.

"깜깜해서 미끼가 보여야지!"

천당에 가는 방법

교회 유치부 선생님이 천당에 가는 방법을 설명하려고 아이들에게 물었다.

아이들은 서로 먼저 이야기하겠다며 손을 들고 말했다.

"하늘나라 천당에 가기 위해서는 어떻게 해야 하지요?"

"착한일 해야 돼요!"

"십계명을 지켜야 해요!"

"싸우면 안 돼요!"

더 이상 손을 드는 아이가 없자 선생님은 다시 아이들에게 물었다.

"또 없을까?"

그러자 한아이가 손을 들고 이렇게 말했다.

"죽어야 해요!"